「邪馬台国」は北九州と『日本書紀』に

――なのに、なぜ論争なのか――

草野　善彦

本の泉社

「邪馬台国」は北九州と『日本書紀』に

――なのに、なぜ論争なのか――

目次

はじめに

一

天皇の元首化が自由民主党の「日本国憲法改正草案」(二〇一二年)によって、再び日本の国家・政治体制上での大きな問題として浮上しつつあります。現憲法でもその第一条で、天皇は日本の象徴とされています。いったい天皇が日本国と国民の象徴とされる根拠は何か、なにによって天皇に日本国と国民を代表する資格があるのかを問えば、さしあたって「それが日本民族の固有の歴史と文化だ。」という答えがかえってくると思われます。具体的には戦前の憲法第一条、「大日本帝国ハ万世一系ノ天皇之ヲ統治ス。」の「万世一系の天皇制と皇統論」、戦後では憲法第一条の「象徴天皇制」の規定がでてくると思います。そうしてその表章として「日の丸」「君が代」があり、最近ではこの掲揚や合唱に起立等が強要されるなど、戦前の日本への回帰、つまり右傾化、反動化が目立ちます。

しかし、こうした〝万世一系の天皇制とその日本史〟を、「国家神道……それはすべて純粋に人工的に作りだされたものなのだ」(一九五頁参照、傍線は引用者)と私信で述べたのは、戦後の日本国憲法・第一条の象徴天皇制条項の策定に大きな役割をはたした、戦前のアメリカの駐日大使・ジョセフ・クラーク・グルーです。グルーは、自分では「純粋の人工物」という「万世一系の天皇制」を、象徴天皇制という新語にかえて、戦後の日本国憲法の第一条に規定した理由を、これがアメリカの対日政策で大きな「資産価値をもつ」（一九〇頁参照）からだ、と述べています。したがってこの「資産価値」とは、これを掲げる政府や国家の〝政治的〟都合を指したものです。しかもグルーはこの「資産価値」は江戸時代の近世日本思想と、これを利用して明治政府が生みだしたもの（一九四頁参照）ともしています。したがって戦後、連合軍の中心をしめたアメリカ政府は、自分達は〝日本史の事実でない〟と考える「資産価値」を、明治政府を〝踏襲〟して利用したということになります。すなわち戦後の日本国憲法の天皇条項は、「連合軍による指示もあったが、多くの自由主義者（実は日本の支配層をさす言葉、引用者）の声にこたえたものであり、同時にまた、日本の古来の天皇の伝統（〝すべて純粋に人工的につくりだされた〟日本史。引用者）を……うけついだもの……」（井上光貞氏著、『日本の歴史』「神話から歴史へ」、六頁、中公文庫本、一九八八年、一二四版）ということになります。

二

問題は、「万世一系の天皇制」という日本史を、〝虚偽の日本史〟とグルー等が内心みなしたにとどまらず、実は約三〇〇年も前に、新井白石が「万世一系の天皇制は日本の伝統と文化」なる日本史観の根幹の一つを形成した、水戸史学の『大日本史』を「夢中に夢を説き候ようのことに候。」（一六二頁参照）と指摘しているばかりではなく、明治時代には東京大学教授の飯田武卿氏等が「万世一系論」的日本史の否定を表明したことがあり、戦後には古田武彦氏や奥野正男氏らがおられるのです。しかし戦後の「皇国史観」史学批判をかかげる、津田左右吉氏をはじめとする日本古代史学は、新井白石はもちろんグルー等の指摘を一語もとりあげてはいません。ここに近代~現代日本の深刻な問題があると思います。

三

この点を示すものが戦後の日本古代史学を代表する「邪馬台国論争」です。実は、「邪馬台国」の首都は「北九州」という意味の記事が、『日本書紀』神功皇后紀にあるのです。しかし、これが戦後の長々しい「邪馬台国論争」で一考だにされていないのです。この記事を認めれば「邪馬台国論争」は、約一三〇〇年前に〝終了〟していたわけです。

江戸時代の「邪馬台国論争」には、「倭国」――卑弥呼・「倭の五王」――をヤマト朝廷という松下見林（『異称日本伝』）と、これを否定する水戸史学・国学の対立が一つの中心をなして、皮肉にも水戸史学・国学の見林批判には、本論でのべるようにその強烈な「皇国史観」という、『古事記』『日本書紀』絶対主義の「万世一系論」にもかかわらず、そこには正しい日本史への道が屈折して含まれていたのです。

しかし「皇国史観」批判をかかげる戦後の津田史学は、水戸史学・国学の松下見林批判に含まれている、真実への芽を擁護し発展させるのではなく、これを「皇国史観」批判の名のもとに蹂躪して、松下見林の見解を復権してきたのです、ここに戦後史学の最大の特徴があるのです。それは『古事記』『日本書紀』にたって、「天皇を神格化」した「皇国史観」の破綻を受けて、これへの批判の名のもとに松下見林の卑弥呼・「倭の五王」ヤマト朝廷の始祖論という、すなわち「神話批判」の体裁をととのえた、その実は、松下見林流の〝万世一系の天皇制の日本古代史論〟の復権なのです。つまりは「万世一系の天皇制」という点では、「皇国史観」も津田史学もかわりはないのです。ただ「万世一系の天皇制」擁護論から、「神」を表向き消去し、同時に、日本史の真実への道も消し去ったのです。

ところが『日本書紀』神功皇后紀の「邪馬一国」の都城・首都が、北九州であることを示す記事を認めますと、松下見林式の「倭国ヤマト朝廷論」のみならず、「万世一系の天皇制論」が根本から崩壊するのです。それはまた同時に、本論で指摘するとおり「邪馬台国・九州説＝東遷論」も、『日本書紀』『古事記』のみならず、古代中国・朝鮮王朝の各正史の対日交流記からも、共に約一三〇〇年以上まえに否定されていることが判明するのです。ここに戦前のみならず戦後の日本古代史学の根本的問題、グルーがいう政治的「資産価値」優先、歴史の事実の無視・軽視の「造作日本史論」という、「万邦無比」の姿があるのです。同時に、『日本書紀』神功皇后紀の「邪馬台国」の首都の地は、北九州という意味の記事を認めれば、これまでその「政治的資産価値」を優先させてきた戦前・戦後の憲法第一条的日本史観が被告席にたたされるのです。

四

以上の政治的「資産価値」、すなわち日本古代史論は、実は、これを掲げる支配者の支配の絶対的正当化をはかる思想・理論なのです。しかしこれがたとえ支配的ではあれ、一個の学説としてあつかわれ、これに対して批判の自由があればまだしもです。

近代日本は、この歴史学的体裁の理念を戦前・戦後ともに、憲法（第一条）に規定しています。つまりこれは、憲法規定以外の「日本史観」は、憲法の名において認めないという途方もない規定です。

しかし、戦前・戦後ともにこれを学問・研究の自由の否定と蹂躪であり、まさに民主主義の憲法による否定だという、当然あるべき批判が日本の公論に〝一言もない〟のです。逆に戦後には「主権在民」規定をことほぐのですが、しかし、この「主権在民」は、いわば「毒入り饅頭」に似た面があるのです。ここにグルーがいう「万世一系の天皇制史観」の大きな「資産価値」があるのです。

すなわち「万世一系の天皇制は日本固有の歴史と文化」という〝日本史論〟に、疑問や批判が日本の公論にはないのです。しかし、この日本史論をよそおうイデオロギーの最大の弱点は、日本本土を除いて、沖縄日本人をふくめて、全世界の諸民族・諸国民の国家・社会の発展史に国家開闢以来、「一国家一王家のみ」などという歴史の国家・社会はない、という厳然たる事実にあるのです。

したがって本土日本人を人類の一構成部分というのであれば、「万世一系の天皇制は日本民族の固有の歴史と文化」などという主張は、まさにグルーがいうとおりに、「それはすべて純粋に人工的に作りだされたものなのだ」、また新井白石等が約三〇〇年前から指摘している通りに、「夢中に夢を説き候ようのことに候」というもの以外ではあり得ないものです。

こうした「万世一系の天皇制」なる思想と主張に平伏する日本人をみて、グルーが目をマルくして驚いたのもまたっく不思議はありません。反面、彼がこれを見て対日政策の立案者として〝頷く〟のも当然です。この「万世一系の天皇制は日本民族の歴史と文化」なるイデオロギーは、今日、こうした統制力あるイデオロギーに匹敵するものはイスラム教でしょう。かつては中世キリスト教がありましたが、この「万世一系論」的イデオロギーを利用すれば、〝一国民の頭を一網打尽〟、支配できるわけです。戦前は明治政府が、戦後はアメリカ政府がこのイデオロギーを利用し、また目下の日本政府がこれにしがみつくのは、立派な理由と動機があるわけです。したがって「近代天皇制批判」における民主主義論の普遍性の重視と強調は、本来、同時に、人類の社会と国家形成・発展での、「複数的・多元的王朝・国家・政治勢力とその交代」という普遍的形態と、その必然性の理解に支えられなければならなかったのみならず、ささえられなければならないのです。

しかも重要なことは、「皇国史観」は本論で指摘するとおり、昭和一二年に文部省が作成した『国體（体）の本義』で、人類の社会・国家発展史の「政治勢力の多元的・交代」という普遍性から、「万世一系論」を考察することを〝批判〟する意味の記載をしています。自己の急所をその国内の批判者達よりもよく心得ていたわけです。したがって「万世一系の天皇制論」批判には、国家と社会発展上での国家・政治的支配勢力の「多元性複数性」という、人類社会と国家発展の普遍性——日本本土以外の、古代琉球国家発展史をふくむ全世界の、社会・国家発展史の事実——が対置されなければならないのです。

それは氏族・部族群社会から都市国家群の形成、さらには洋の東西で若干の差異はありますが、ヨーロッパ以外のアジアでは全国統一には至らない、しかし都市国家よりは大きい「地域国家群」の形成、そうしてこれは洋の東西同一ですが統一勢力の出現、およびそれの後続勢力による交代という発展形式、一言でいえば国家的勢力の多元的複数性と、その交代です。この複数性と交代性にたてば「ヤマト朝廷」だけが民族を代表する特権は消えるのです。この国家的勢力の複数性とその交代、すなわち本土日本人以外の、沖縄日本人をふくむ全世界の諸民族・諸国民の国家形成・発展の、「複数性・多元性とその交代」という普遍性を、日本本土において認めないのが「万世一系論」であり、戦前・戦後憲法第一条規定とその精神です。こうした「日本史」をグルーや白石らのように「それはすべて純粋に人工的に作りだされたものなのだ」、「夢中に夢を説き候ようのこと」という方が当り前であり正常なのです。

しかし、こうした認識が今日の日本の公論には、ないに等しい状況と思います。本書は、こうした考え方から、「万世一系の天皇制は日本民族の固有の歴史と文化」なる日本史、とくにその古代史への、批判的探究を試みたものです。なお、本書で引用した『日本書紀』は、岩波書店の日本古典文学大系本の『日本書紀』(上下)で、引用にあたっては『日本書紀・上』、『日本書紀・下』とし、『古事記』は倉野憲司氏校注の『古事記』(岩波文庫本、一九八五年、第三〇刷)により、その他の文献は文中にその都度記しました。

第一章　「邪馬一国」首都の所在地

一　それは〝北九州〟と『日本書紀』

「……邪馬台国の位置ならびにその性格の決定ないし評価が、後のヤマト朝廷ならびにヤマト国家の発展段階の理解にかかわってくるのであってみれば、日本古代史をなんらかの意味で論じようとする人なら、だれでもこの問題を素通りすることはできぬわけだ。……これまで多くの人々が、邪馬台国問題にふれてきたのは、まことに理由のあることだ。」と、上田正昭氏はその著『日本古代国家成立史の研究』(一七頁、青木書店、一九八二年、第一版第八刷)で述べています。

たしかに日本の古代国家形成・発展の姿をしるうえで、「邪馬一国論争」(「邪馬一」は後述)は決定的な意味があります。しかし、じゅうらいこの論争とその意味は、「邪馬一国・近畿説」と「九州説」——「四世紀ごろ、ヤマト朝廷に滅ぼされた論」(津田左右吉氏等)や、「九州説・東遷論」(井上光貞氏著、『日本国家の起源』、岩波新書、一九六〇年。水野祐氏著、『日本古代の国家形成』、講談社現代新書、一九六七年)等——のどれが正しいか、という意味であり、とりわけ「近畿説」と「九州説・東遷論」の、二者択一論的傾向がありました。そうしてその際、「邪馬一国」を「ヤマト朝廷＝日本」という考え方にたっていることは、上田正昭氏のさきの引用文にも明らかです。

周知のとおり『三国志』魏志・倭人伝の冒頭記事は、「倭人は帯方の東南大海の中にあり。山島に依りて国邑をなす。」です。「帯方」とは、「後漢のすえ公孫康が設けた朝鮮の郡で、黄海・京畿両道の地。郡治は帯方県。今のソウル付近。」(石原道博氏編訳、『魏志倭人伝・後漢書倭伝・宋書倭国伝・隋書倭国伝』(岩波文庫、注「2」、三九頁、一九九一年、第五四刷。傍線は引用者)です。国邑とは都城・首都をさします。つまり『三国志』は、〝卑弥呼の都城・首都はソウル付近からみて、海の向こうの「東南」の島にある〟と記しているのです。したがってソウル(付近)から東南の、日本本土の一点とはどこかです。

最適の地は北九州です。同時に断じて近畿地方ではありません。それは『日本書紀』神功皇后紀(新羅討伐紀)が、新羅は香椎(神宮)、すなわち北九州から見て〝西北〟にあたる、と記している点にも明確です。

それは、「夏四月……火前国(肥前国)の松浦縣に到りて、……『朕《われ》(神功皇后)、西、財の国(新羅国)を求めむと欲す。……中略……。皇后、橿日浦(福岡市香椎宮)に還り詣《いた》りて……秋九月……諸国に令して船舶を集《つど》へて兵甲《つはもの》を練《ね》らふ(新羅への発進の準備をいう)。……軍衆自づから聚《あつ》まる。是に、吾瓮海人鳥摩呂《あへのあまをまろ》(海鳥であろう。引用者)といふをして、西海に出でて、国有りやと察《み》しめたまふ。還《かへ》りて曰《まう》さく。『国も見えず』とまうす。又、磯鹿《しか》(志賀島)の海人《あま》、名は草を遣わして視しむ。日を数《へ》て還りて曰《まう》さく、『西北《いぬゐのかた》に山有り。帯雲《くもゐ》(海上はるかに雲がたなびく)にして、横に絚《わた》れり。蓋《けだ》し国有らむか』とまうす。爰《ここ》に吉日を卜《うら》へて、臨発《たちたまは》むとす……」(『日本書紀・上』、三三二頁。傍線は引用者)という記載です。

「神功皇后紀」は新羅を討つと、自身は肥前国の松浦や香椎、すなわち北九州にありながらも、さかんに新羅を「西の国」としています。これは近畿地方から朝鮮半島を見る方角です。問題は自身は北九州に身をおきながらも、近畿地方から朝鮮半島を見る方角が大変強調されている奇妙さです。これは「邪馬台国・近畿説」をほうふつとさせます。

しかし『日本書紀』神功皇后紀は、最終的には志賀島の海人の「新羅は香椎の西北に当たる」を採用しています。これで「邪馬台国はどこか」という問題は、『魏志』倭人伝が「邪馬一国」の都城は、〝ソウル付近から「東南」大海中の島にあり〟と書き、『日本書紀』神功皇后紀は、〝新羅は北九州の香椎から「西北」にある〟と記しているのですから、両者の方角認識はそれぞれの地理的立場から、みごとに照応しているのです。つまり邪馬一国の都城・首都の所在地は、約一三〇〇年もまえに明らかにされているのです。

しかも近畿説には、文献的根拠が全くないことが、『日本書紀』によっても示されているわけです。じつはこの簡単な一節が、これまでの「邪馬一国論争」の性格を物語るものなのです。この朝鮮半島を北九州から〝西北〟とする記載は、この他に黒田藩の著名な儒学者、貝原益軒（一六三〇〜一七一四）の『筑前国続風土記』にも、次のように記されています。太宰府を目下に見下ろす宝満山（御笠山）に関する記述中に、「此の山上に登れば、一瞬の間に数百里の外までかへり見て……九州の内、近国は目下一望の内にあり。西北に壱岐・対馬はるかに見えたり。秋天晴朗の時は、しらぬ新羅の山もほの見ゆ。」。

しかも『魏志』倭人伝の都城・首都の方角の記載は、「正始元年（二四〇）大守弓遵、建中校尉梯儁等を遣わし、詔書・印授を奉じて、倭国に詣り、倭王に拝仮し……」と、魏朝から「倭国」へ使者が派遣され、『魏志』倭人伝は、その実地の「倭国」訪問にたって記されたものです。したがって『魏志』倭人伝の方角記事をはじめ、その内容は正確なものと考えるのが本来は正当な態度です。ヨーロッパに「歴史は書きかえられる」という言葉があります。『日本書紀』のこの記載にたてばこの言葉が、われわれ日本人も例外ではないのです。ただしヨーロッパの場合、歴史学などのあらたな発見によって、古い歴史認識に変更がせまられるという意味があるとおもいますが、ここでは古い書物にそれはとっくに書かれている事実が、最新式の学問の姿を問うものとしてです。この奇妙なさかだちした姿にはやくも近代日本古代史学と、それを形成した近世以降の日本社会の問題点が示されているのです。

「近畿説」はありえない　その一　『海東諸国紀』から

したがって『魏志』倭人伝の「倭国」の都城・邪馬一国は、『日本書紀』神功皇后紀の〝香椎〟から新羅への方角記載や、『筑前国続風土記』のそれからは北九州です。これが大和朝廷の正史『日本書紀』によって保障されているわけです。したがって「邪馬一国・近畿説」は方角論からは、『三国志』魏志・倭人伝からも『日本書紀』神功皇后紀からも、成立の余地は文献的には一〇〇パーセント〝ない〟のです。

しかもこれをさらに〝証明〟しているのが、一四四三年に「朝鮮通信使」の書状官としてわが国の京都を訪れ、また、朝鮮王朝の首相（議政府領議政）をも勤めた申叔舟が、一四七一年に王命によって撰した日本と沖縄に関する記録書、『海東諸国紀』（田中健夫氏訳注、岩波文庫、一九九一年、第一刷）です。つまり当時、京都が首都であった日本を朝鮮半島から見て「海東」、つまりは東と述べているのです。これは当然のことです。

　この意味は、「邪馬台国論争」の「近畿説」は「魏志」倭人伝の「倭国の首都・都城の方角記載」からは、なりたたないということをしめすものです。この方角指示は太陽の昇る方向か、日朝いずれかが地殻変動で古代以来の地理的関係を大きく変更しない限りは、「論じる」余地のないことです。つまり「魏志」倭人伝は最初に、邪馬一国の都城・首都は北九州と明記しているのであって、「近畿説」などはそもそも生れてくる根拠が、その文献上にまったくないわけです。もし「近畿」にあるのであれば、「倭人は帯方の東海大海の中にあり……」と記されていなければならないわけです。

「邪馬一国」近畿説の近古の代表格は松下見林（一六三七〜一七〇三）と思いますが、その主張を『異称日本伝』にみますと次のようです。「今按、景初正始、魏明帝年号、当我朝神功皇后之時、邪馬壹（一）之壹当作臺（台）。景初二年二據日本書紀当作三、国名官名人名多不可曉、女王男王不和者……大抵伝聞之訛居多……」（今按じるに、景初正始は魏の明帝の年号にして、わが朝の神功皇后の時に当たる。邪馬壹（一）の壹（一）はまさに台に作るべし、景初二年の二は日本書紀に據りて、まさに三に作るべし。国名官名人名多く曉《あきら》かにすべからず、女王男王はあわず……大抵の伝聞これ訛《あやま》るもの多し……）といったものです。これがいかにずさんな見林の単なる独断の羅列にすぎないものか、という点はあとでたちかえります。

「近畿説」はありえない　その二　本居宣長の卑弥呼・熊襲論

さて、「邪馬台国・近畿説」を否定する史料はこれだけではありません。本居宣長（一七三〇〜

一八〇一）は卑弥呼について、「皇朝の御使にはあらず、筑紫の南のかたにていきほひある、熊襲などのたぐいなりしもの……」と、『馭戎概言』で述べています。熊襲のたぐいという理由は、「魏志」倭人伝の方角記載を次のように読むためです。

「大和の京へまいるとて、へてきつる道の程をいへる如くに聞ゆれど、よく見れば、まことは大和の京にはあらず。いかにといふに、まづは対馬・一支（壱岐）・末盧・伊都までは、しるせる如くにて、たがわざるを、其次に奴国・不彌国・投馬国などいへるは、漢呉音はさらにもいはず、今の唐音をあてても、大和への道には、さる所の名共あることなし。又不彌国より女王の都まで、南をさして物せしさまにいへるもかなわず、大和はつくしよりはすべて東をさしてくる所にこそあれ。」（傍線は引用者）。ここには本居宣長の「大和朝廷唯一史観」の誤りと、方角論の正当性という「邪馬台国論争史学」の問題点と解明の方向とが、鮮明なコントラストで示されているのです。本居宣長の思い違いは日本の王朝は、「ヤマト朝廷をおいては他になし」という、松下見林と同様の見地にあります。それは「魏志」倭人伝の道程記事を「大和の京へまいるとて……」、という見地で読んでいるところにも示されています。

しかし「魏志倭人伝』は近畿大和ではなく、「女王の都する所」を目指しているのであって、これを「邪馬台国・近畿説」のように、「邪馬台国は近畿大和である」とは断じて読めないことは、申叔舟の『海東諸国紀』や『日本書紀』神功皇后紀等の新羅の方角論のみならず、本居宣長の「大和はつくしよりはすべて東をさしてくる所にこそあれ。」で明らかでしょう。この簡単なところを間違え、指摘されてもその誤りを認めないということになると、「事実にたって真実を探究する」という学問の道から、あたかも『聖書』を奉じて天動説にしがみつく姿と〃完全一致〃します。ここに戦前・戦後日本古代史学の真骨頂があるのです。

二 「郡より倭に至るには……」の理解

さて「魏志」倭人伝の「倭都」は北九州であると言えば、「近畿説」の学者諸氏はもちろん「近畿説」支持の方々からは、当然「では邪馬台国への行程記事をどう読むのか」とう、厳しい問が発せられることは避けられません。そこでこの問題への考え方をのべて、「近畿説」の方々のご批判を仰ぎたいと思うのです。私の理解では

第一に 倭国への魏使の直接的な出発点は帯方郡治、最終目的地は北九州の福岡市の香椎宮周辺から一定の範囲にある、「邪馬一国・女王の都する所」です。

第二に その総距離数は「群より女王国に至る万二千余里」と明記されています。

第三に このうち「郡から朝鮮半島南端の〃倭国の北岸、狗邪韓国〃（今日の釜山付近と想定）」までが七千余里。

第四に 狗邪韓国～対海国（対馬）が一千余里、対馬国～一大国（壱岐）が千余里、壱岐～松浦国が一千余里、合計三千余里と記されている、つまり帯方郡治から末盧国（本書は唐津を上陸地点とする）までが一万余里、したがって「女王国」までは、唐津から約二千余里という計算になる、ということです。

しかも道順に関しては「帯方郡」から狗邪韓国をへて、対馬・壱岐・唐津までの方角・距離に関しては、「近畿論」者の方々も、基本的には異存はないでしょう。したがって問題は「一万二千余里」のうち、唐津以降「女王の都する所」までの、二〇〇〇余里の理解ということに収斂するのではありませんか。この問題を合理的に解決するには、帯方郡治が今日のソウル付近とされているのですから、今日のソウルから唐津まで何キロあるかが分かれば、この間「一万余里」と書いているから、一里何メートルかは簡単な計算で、その概算はできます。

と言えば、当時の魏の使者「太守弓遵・建中校尉梯儁等」が、現実にたどった海路・陸道が分からなければ、厳密には分からないという方もおられるかも知れません。しかし、概算は可能です。またその概算が基本的に正しい考え方からであれば、真実への接近と解明上で、重要な意味をもちうるのではありませんか？　すなわち科学的仮説です。科学の探究では仮説は大きな役割をはたしていることは周知のことです。こうした考え方にたって次の点に目を向ければ、「一里何メートルか」の概算を簡単に導くことができます。

それは今日の世界地図でソウル～唐津間の直線距離を測り、ここにたって一里のメートル値を概算する方法です。これは魏使が実際に通った、「陸行・水行」の距離よりは小さくなることは確かです。魏使が実際にたどった道筋は、「海岸に循って水行し、韓国を歴（へ）るに、乍（たちまち）南し乍東（ジグザグ行進）し、その北岸狗邪韓国に到る……」など、当時の航海法や韓国への威示行進、また古代の自然にできた曲がった道を歩くわけですから、直線距離での試算よりは一里のメートル値は大きくなるのは当然です。

しかし他方からみれば、ソウルと唐津の間は地殻変動でもない限り一定であって、その間の直線距離を基礎に推算することは、真実への接近の一つの科学的方法であることも、また明らかと思うものです。こうした仕方でかなり荒っぽい概算ですが、ソウルから唐津まで世界地図（平凡社、『世界大地図帳』、一九八五年、第七版、「朝鮮半島」、縮尺二五〇〇万分の一）で距離を概算すると、直線距離で略々五三〇キロ程度と思えます。例えば今日の釜山港から博多港までの距離は「二〇〇キロ」（鎌田慧氏、「一衣帯水」、「本音のコラム」、東京新聞、二〇一一年一一月三日付け）という指摘があります。「魏志」倭人伝では狗邪韓国から、末盧国（唐津）まで「三千里」と記している事は周知のことです。したがってソウルからこの末盧国（唐津）まで、水行・陸行距離が「一万余里」ですから、暗算上の都合で六〇〇キロと仮定しても一里は六〇メートルになります。

なお「その北岸、狗邪韓国に至る。七千余里。」の〝その〟は、倭国の朝鮮半島の領域をさす言葉で、今日の釜山と思います。ここは一五世紀の『海東諸国紀』の「海東諸国総図」（同書三七八～三七九頁）の朝鮮南岸図に〝富山浦〟とあります。「倭国」時代、〝日本領〟と推定され「富山浦」と言われていたものが、後に（プサン）と韓国語に変更されたと思われます。

なお同書三九三頁には「東莱富山浦之図」があり、そこに「倭館」が記されています。古くは「倭地」ともおもわれます。ただしこれで今日の国境変更を云々するのは論外のことと思います。

さて、「魏志」倭人伝の一万二〇〇〇余里のうち、ソウル～唐津間が総距離の約八三・三パーセントをしめ、唐津から「女王の都する所」までは約一六・七パーセントにすぎません。この唐津からの距離は「倭人は帯方の東南大海のなかにあり、山島に依りて国邑をなす。」という記述と一致します。

つまり総距離が一二〇〇〇余里という記載からは、唐津上陸以降、「女王の都する所」までの距離は二〇〇〇余里です。これを一里六〇メートルで計算すれば一二〇キロ、日本里換算（一里約四〇〇〇メートル、実数三九二七メートル）では約三〇里程度です。地図上の五三〇キロで計算すれば一〇六キロ、日本里換算では二六・五里です。とても近畿地方に到達する距離ではないことは、明らかと思います。如何でしょうか。

古田武彦氏の「短里」説の正当性

しかもこの問題では、古田武彦氏著『「邪馬台国」はなかった』（朝日新聞社、一九七一年、現在、ミネルヴァ書房刊）が、約四〇年も前に極めて優れた考察をされています。これが日本の知性によって、理性の名において擁護されることが期待されますが現実は、のぞまれる姿とは距離があるように思います。ここに日本の現実があると思います。

さて氏の研究では第一に、「対馬国」と「一大国」は上陸地点から、次の乗船地点までを歩行するという仕方で進んだとされ、その徒歩距離数を「対海国の方四〇〇余里」、および「一大国の方三〇〇里」のうち、それぞれその二辺の合計数（半周読法と命名）と指摘されて、「対海国」を八〇〇里、「一大国」を六〇〇里として、これを「帯方郡治」から唐津までの「一万余里」の距離数に、加算することが正しいとされています。この考え方では「帯方郡治」から唐津までの「一万余里」は、「一万一四〇〇余里」という計算になります。とすれば唐津から「女王の都する所」まで、六〇〇里余という距離になり、一里六〇メートルではわずかに三六キロ、日本里では九里程度、一里五三メートルでは八里弱に過ぎません。断じて近畿地方には達し得ない距離でしょう。

なお、この「半周読法」は、古田氏の独断とは言えません。それは先ず『三国志』自身に、こうした記載があることを例証（『「邪馬台国」はなかった』、二四六頁、角川書店、一九八〇年、第四版）されているばかりではなく、肝心の「魏志」倭人伝の記載自身が、「対海国」や「一大国」に関して、「その大官を卑狗といい……居る所絶島、方四百里ばかり、土地は山険しく、深林多く、道路は禽鹿の径の如し、千戸あり。良田なく……」など、対馬等の当時の姿を的確に書いている点からもいえることです。これは上陸して島内を実際に歩かなければ書けないからです。

そうしてここにこの魏使訪日のもう一つの使命、「倭国」と倭人社会に関してできる限り観察して、記録をつくるという任務があったことが推測されます。したがってここに立てば、九州島内の歩行距離はわずかに六〇〇余里であって、文献上からも、それにもとづくソウル～唐津間の直線距離からの概算でも、「近畿説」は断じてでてこないことは、まさに『日本書紀』神功皇后紀の新羅の方向指示の如しではありませんか。

古田氏は漢の里単位にたいして魏の里は、「短里」という考え方を前掲書で提唱されました。この正当性は第一に、この距離の出発点がソウル付近で、日本本土上陸地点が松浦（唐津付近）、その間の「里数」は「邪馬台国論争」自身でも、「一万余里」と記されている事は知っているわけですから、本来、その一里が何メートルか計算しない方が、理解しにくい態度ではないでしょうか。

二点間とその距離は「一万余里」と明記されているのです。であればこの「里単位は何メートルか」という問題です。この簡単な計算を著名な学者諸氏はなぜされなかったのか、是非その理由をおうかがいしたいものです。

これに反して古田武彦氏は『三国志』の里単位を、「韓伝」の「韓は帯方の南に在り。東西、海を以て限りと為し、南、倭と接す。方、四千里なる可し。」という記載にたって、今日の朝鮮半島の南岸の東西の実測値（三〇〇～三六〇キロメートル）にもとづき、これを「方四千里」とする『三国志』の記述から一里のメートル換算をされ、「一里を七五～九〇メートルで、七五メートルに近い数値」（古田武彦氏著、『「邪馬台国」はなかった』、二五七頁）とされています。

先の六〇メートルに近いのですが、これは直線距離からの類推ですから、古田氏の一里のメートル値が、より正確であることは容易に納得できます。またさきに述べたように釜山～博多間が二〇〇キロといわれ、これを「三〇〇〇余里」を三〇〇〇里として一里あたりを計算すれば、約六七メートルになります。ここからみて古田氏の一里のメートル数の算出に関する考え方に、問題があるとは思えません。

それとも『三国志』の里単位が、日本里の一里約四〇〇〇メートル（実数、三九二七メートル）からみても、異常に短い「短里」であるなどの主張が疑わしいのでしょうか。だがしかし、『日本書紀』神功皇后紀自身が、香椎から新羅は「西北」と述べているのです。ソウルから東南大海の中の島の国邑・首都が、北九州博多湾周辺であることは疑う余地はありません。

卑弥呼や「倭国」、「邪馬壹一国」の所在地の探究は、『三国志』という文献があるから行えるのです。これは言うまでもないことです。したがってその探究と理解はこの文献の記載に始まり、その記載の正当な理解こそがすべてです。『古事記』『日本書紀』に卑弥呼等のことは、大和朝廷自身のこととしては一語もないことは云々するまでもないからです。

「近畿説」は、そもそもは「魏志」倭人伝の記載の事実を最初から無視・歪曲した、松下見林の『異称日本伝』等の、『日本書紀』史観絶対主義にたつ主張の継承でしかありません。しかし、見林は肝心要の〝香椎から新羅はどの方向か〟、という「神功皇后紀」の記載を、その『日本書紀』絶対視、神聖視にもかかわらず、肝心要のところで都合よく「忘れた」わけです。

以上、古田氏の「短里」約七五メートルという、研究と主張の正しさは明らかであって、これを根拠も不明のまま無視し、それによって正しい研究を葬ろうとするのですが、これはもはや学問のことではなく、一種の党派間闘争の党利党略的態度と言われても、弁解の余地はないでしょう。実はこの態度のうらには、政治的「資産価値」問題がひそんでいるのです。

しかも憲法一条の戦前・戦後、および今回自民党の「改正草案」（平成二四年四月二七日、決定）に例外なく登場する、「万世一系の天皇制」＝「象徴天皇制」を「長い歴史と固有の文化」と称する「日本史と日本文化論」は、戦後の「邪馬台国論争」の破綻によって、表現を変えれば『日本書紀』神功皇后紀と『魏志』倭人伝によって、約一三〇〇年前に破綻しているのです。これの根幹部分は古田武彦氏の研究によって約四〇年も前に提出されていながら、それは野ざらしにされてきたと思います。ここに古田説無視の真の背景と意味がある思います。

またここに、まことに痛ましいことながらも、「万世一系の天皇制は日本民族の歴史と文化」を、正面から批判・克服しえなかった近代日本の知性の姿があるのです。世界史的に社会の進歩的変革をなし遂げてきた先進的諸国民の知識層の知性、その不屈の理性の力は日本にも点在するのですが、しかし、それを擁護して発展させる能力は著しく微弱のようです。はたして現状の姿でいいのか、問われる事態が進行中と思われます。ここに世の既存の権威以外の見解を軽視する日本人の、おそらくは自覚されていない、しかし大きな問題点があるのでしょう。〝事実と理性の権威〟すなわち真の民主義が、グルーが指摘(一九三頁参照)するとおり著しく軽視される文化です。

『三国志』の里程記事の「読み方」

古田氏の『「邪馬台国」はなかった』で非常に重要なところは、上記に止まらず『魏志』倭人伝中の、例の「郡より倭に至るには……南、邪馬壹国に至る、女王の都する所、水行十日、陸行一月、……郡より女王国に至る万二千余里。」の読み方に関する考察があります。

私には『三国志』魏志・倭人伝の理解を、古代中国正史類の記載の普遍的傾向を踏まえて読む、探究するという、古田氏の考え方・態度が、通説の「邪馬台国論争」の学者諸氏と根本的に違うところではないかと思われます。つまり、「魏志」倭人伝の理解という点では、『三国志』全体から、さらには『三国志』の記載に関しては、『漢書』等の中国史書の記述の一般的傾向をも踏まえて理解するという、非常に重要ないわば「原則」を明らかにされているところが、従来の方々とは違うと思いました。

それが前掲書の「第四章　邪馬壹国の探究」、「I　倭人伝の行程と構成」「II　倭人伝の用語と理論」と「里程表示法」「『行』の問題」「『至』の全用例」「『道行き』読法の先例」、「最終行程0の理論」、「『島めぐり』読法」(「半周読法」)等の探究にみることができると思いました。これは「魏志」倭人伝の「郡より倭に至るには……」以下をどう読み理解するか、という点の基本にかかわるところであって、ここを無視・軽視しては、「魏志」倭人伝の道行文を正しく理解できないところです。

つまりは古代中国史料に対するに「主観主義」的理解を排して、これを生み出した古代中国文明の理路と伝統に従って読む、と表現するのが適切か否かは別にしても、氏の言葉にしたがえば「原文改定への道にけっして逃避しない。」、ということです。なかでも感心をしたところは、「水行十日、陸行一月」の理解にかかわる、①「乍～乍」の意味、これが従来の「邪馬台国論争史学」(以後、論争史学という)では、「或いは～或いは」と読んでいたという、その読み方の間違い問題、②「四至と傍線行程」、さらには③「行」「至」の用法とその意味という問題にかかわる氏の考察です。こういう点で「論争史学」は、『三国志』や古代中国正史類の記述の一般的方法、慣例等を研究し、それにそくして読むという本来、当り前というべき前提が厳しく問われずに、「安易な解釈」といわれても仕方のない読み方に終始してきた、ということと思います。

したがって古田氏が克明に探究し説明されている、「行」「至」の用法とその意味が、「論争史学」では全く正しく理解し得られず、「郡より倭に至るには……」以降で、郡(ソウル付近)から「女王の都する所」に向かって進行している、いわば主線行程と、その〝幹線〟を進みつつ「東西南北」にどんな国がどんは特徴をもって存在しているか、を書いた部分の区別ができず、支離滅裂の錯乱におちいりながら、それは自分達の研究の観点と方法に原因がありながら、逆に「魏志」倭人伝等の記載に問題があるかに主張して、今日に至っていると思えるのです。この独断的な態度が露骨にしめされている点が冒頭に指摘した、「倭人は帯方の東南大海の中にあり……」の方角記載を、学者諸氏が一致して完全に無視するところに示されているのです。

「行」と「至」の用法で古田氏の指摘を上げれば、氏は『三国志』から「『至』の全用例を、その形式別に列挙されて、以下のように整理されています。それは「『動詞＋至』（〜して至る）の形が基本形」とされ、右の『動詞』の存在しない形について

1　文脈上、明らかであるので省略された場合。

2　「はじめから存在しない『四至・傍線行路』の場合の二つがある」とされ、そうして結論として「至奴国」（奴国に至る）と、「至投馬国（投馬国に至る）には、動詞が先行して記されていないことを指摘されています。

すなわちここに立てば、『三国志』魏志・倭人伝の「郡から……女王の都する所」までの、道行文は解読されたと思います。これをなおいっそう完全・厳密にするものが「『島めぐり』読法」と、「最終行程0の理論」です。氏の「解読法」を述べる以上はそのもっとも基本的なところを、『「邪馬台国」はなかった』にもとづいて、説明することが親切であり、かつ、誤解をさける方法と考え以下に述べます。

その基本的「文法」は、魏使が帯方郡治から「女王の都する所」に行く、「主線行路」は「主語＋動詞＋至〜到」であり、「四至」（一点にたって東西南北を指して語り述べる仕方）および「傍線行路」（主線行路」を進みながら、その東西南北・その周辺の地理・地形、故事来歴等々を説明する、「観光バス」「遊覧船式」の周辺案内式の記事の場合には、先行動詞はなく「至」が記されるということです。

「郡より倭に至るには、海岸に循《したが》いて水行し、韓国を歴《へ》るに乍ち南し、乍ち東し、其の北岸、狗邪韓国に到る七千余里。始めて一海を度《わた》る千余里、対海国に至る。……中略……また南一海を渡る千余里。

……一大国に至る。……また一海を渡る千余里、末盧国に至る。……東南陸行五百里にして、伊都国に到る……東南奴国に至る……二万戸あり。東行不弥国に至る、百里。……南、投馬国に至る。水行二十日。南、邪馬壹（一）国に至る。女王の都する所、水行十日陸行一月……中略……その南に狗奴国あり、男子を王となす。……女王に属せず。郡より女王国に至る万二千余里。」。

以上が「倭国」女王の都である「邪馬壹（一）国」への道順記事の、解読上の主な問題のところです。引用文の傍線部分が「動詞＋至・到」部分で、点線部分が「動詞ナシ＋至」記事です。これをさらに別途整理しますと次のようになります。

1　郡より倭に至る……海岸……水行、韓国を歴る……狗邪韓国に到る
2　一海を度る……対馬国に至る。
3　南一海を渡る……一大国に至る
4　また一海を渡る……末盧国に至る
5　東南陸行五百里にして、伊都国に到る

6　東南奴国に至る——先行動詞ナシ
7　東行不弥国に至る
8　南、投馬国に至る。水行二十日——先行動詞ナシ
9　南、邪馬壹（一）国に至る——先行動詞ナシ

以上を見ますと6、8、9だけが先行動詞がありません。しかし、9の「南、邪馬一国に至る」は、1～7のうち、6を除く主線行路のすべてを受けている文章であることは明白ですから、真に先行動詞を欠くものは6・8の二つとなります。これは「傍線行路」であって、魏使の「倭都」訪問のための通過地点ではなく、「観光バスや遊覧船の周辺説明」に似たものです。

では何故、こんな記事が書かれているのかと言えば、古田氏の指摘によればその戸数とされていま

す。たしかに「邪馬一国」が七万戸、投馬国が五万戸、奴国が二万戸とあります。
これをさらに「半周読法」、「最終行程0の理論」をも加えて整理しますと、以下の通りです。

1	郡から「倭国の北岸・狗邪韓国」まで七〇〇〇余里	水行＝「郡〜帯方郡西南端」一五〇〇里＋陸行＝狗邪韓国五五〇〇余里
2	「狗邪韓国」〜対馬国まで一〇〇〇余里	（水行）
3	対馬国——「半周読法」八〇〇余里	……陸行
4	対馬国〜一大国まで一〇〇〇余里	（水行）
5	一大国——「半周読法」六〇〇余里	……陸行
6	一大国〜末盧国まで一〇〇〇余里	（水行）
7	末盧国〜伊都国まで五〇〇里	……陸行
8	伊都国〜不弥国まで一〇〇里	末盧国（唐津）〜女王の都する所六〇〇里
9	不弥国〜邪馬壹国まで〇里	一里約七五メートルでは四五キロメートル。太宰府付近が「女王の都する所」
合計	一二〇〇〇余里	（水行・四五〇〇余里＝十日、陸行・七五〇〇余里＝一ヶ月）

（2〜6の水行）水行・合計四五〇〇余里（「郡〜帯方郡西南端」一五〇〇里を含む）

以上が『三国志』魏志・倭人伝の方角と行程記事とその里数記載です。この古田武彦氏の探究と解明に不当な点がありますか。

魏使は一日、日本里で何里を歩いたか

私は旧制中学生のころ、何度か通称・一〇里（約四〇キロ）を歩かざるを得ませんでした。それは

大分県の中津市から守実という終点の部落まで歩くわけです。歩く理由は、この間の「耶馬渓鉄道」（廃線）が戦後、洪水で鉄橋が幾つか流失したりして、その復旧の期間、中津市に下宿するのです。下宿期間内に夏休みなどにあたれば約「一〇里」を、学用品の他に下着などを担いで歩くことになるわけです。

しかも終点からの通学生は私一人で、途中で次々と友人と別れるわけです。一〇里のうち多くは部落の中ではなく裏道を選択するのです。理由は、格好が悪いからですがその結果は、裏道の山道をとおります。山道といっても終戦後は木材への需要が強く、かなりのところで伐採したあとに植林した所を通りますので、夏などは日差しを遮るものが少なく、また所によっては夏草が人の背丈より高く繁って、青い空・焼けつく太陽と熱風の中を、しかも当時は靴などなく高下駄で歩くのです。この経験から人間が次の日にあまり疲れを残さずに歩ける、一日当たりの歩行距離はせいぜい四里～五里（一六キロ～二〇キロ・メートル）弱と考えていました。もちろん旧日本陸軍の戦地での「強行軍」はべつです。

こうした経験から魏使の一日当たりの歩行距離に関心があるのですが、左記の数値で計算しますと、七五〇〇里×七五メートル＝五六二・五キロメートル。これを日本里の一里約四〇〇〇メートルで計算すれば約一四一里です。これを「陸行一ヶ月」（三〇日）で計算すれば、一日当たり四・七里になります。見事なものという思いです。

第二章　日本古代史像――一八〇度、違っている

一　「九州説もありえない」――「邪馬台国論争」史学の崩壊

以上から「魏志」倭人伝の冒頭記事は、「郡から倭に至る」行程記事の結論を、最初に要約したものであることが判明します。きわめて分かりやすい文章です。「それでは九州説が正しかったということか」と言えば、実は古代中国史料にしたがえば、これも「否」です。「邪馬台国論争史学」の真の問題点は実はここにあるのです。この「倭国」・卑弥呼の王朝・国家の首都は、博多湾周辺――太宰府（後述）――にあるという記述は、一世紀から七世紀半ばまでにかかわる左記の、古代中国王朝の正史類の対日交流記の冒頭に例外なく記されているからです。引用文の傍線部分は、「倭国・俀国」の「国邑」の地理的記載部分であり、ナミ線部分は当該中国王朝から「倭国・俀国」に、使者が派遣されたことが記されている部分です。

『後漢書』倭伝　「倭は韓の東南大海の中にあり、山島に依りて居をなす。」

『宋書』倭国伝　「倭国は高驪の東南大海の中にあり。世々貢職を修む。……昔より祖禰躬ら甲冑を擐き、山川を跋渉し、寧処に遑あらず、東は毛人を征すること五十五国、西

は衆夷を服すること六十六国、渡りて海北を平ぐること九十五国」。

『南斉書』倭国伝　「倭国は帯方の東南大海の島中にあり。漢末以来女王立つ。」。

『隋書』俀国伝　「俀国は、百済・新羅の東南にあり、水陸三千里、大海の中において、山島に依って居る。……魏より斉・梁に至り、代々中国と相通ず。……明年（六〇八）上、文林郎裴清を遣わして俀国に使せしむ。」。

『旧唐書』倭国伝　「倭国は古の倭奴国なり。……新羅東南の大海の中にあり、山島に依って居る。……世々中国と通ず。貞観五年（六三一年）……また新州の刺使（長官）高表仁を遣わし……二十二年（貞観、六四八）に至り、また新羅に附し表を奉じて、以て起居を通ず。」

以上、それぞれの冒頭記事です。それはまるで『三国志』魏志・倭人伝の冒頭記事を、判でおしたようにいわば繰り返しています。しかも、これを古代中国人が「魏志」倭人伝の冒頭記事を、その後の「倭人伝・俀国伝・倭国伝」で漫然と繰り返したものと、到底言えないことは「倭国」から、中国当該王朝に使者が派遣されているだけではなく、魏のほかに隋・唐から「俀国・倭国」に使者が派遣されているからです。

これらの記事の意味するところは、最低でも一世紀から七世紀までの七百年間、北九州に都城をおいた卑弥呼の国家・「倭国」が連綿として存在し、歴代、中国・朝鮮の各王朝にたいして日本本土を代表する国家として交流をしていたという、いわば近世〜現代の「ヤマト朝廷一国史」である「日本古代史」とは、似てもにつかない「日本史」なのです。

これは古田武彦氏が明らかにされ、命名された「九州王朝」説（『失われた九州王朝』、朝日新聞社、一九七三年、現ミネルヴァ書房刊）の正当性を示すものです。しかもこれは「万世一系の天皇制」なる〝日本史論〟の、政治的「資産価値」を空しくするものなのです。この「九州王朝」という語は本書では「倭国」とし、「倭国・大和朝廷論」を否定するものとします。

これに対して戦前・戦後のさきに指摘した「九州説」の、「ヤマト朝廷に亡ぼされた論」や「東遷論」と、列挙した漢〜唐の歴代中国正史類が記す「倭国・俀国伝・倭国」とは、似ても似つかないものであることは引用文で明らかです。まさに「日本古代史のコペルニクス的転回」です。とはいえ「邪馬一国の都城」の地を、約一三〇〇年もまえに『日本書紀』神功皇后紀が記しているのです。

しかも、戦後の「邪馬台国論争史学」が一致して主張している、『宋書』の「倭の五王・ヤマト朝廷論」も、『隋書』俀国伝の国名を「倭国伝」と改竄して、「推古朝」に当てる戦前からの説も、すべて否定されてこれらは、みな北九州に都城をおく卑弥呼の国家とされているのです。この意味は、七世紀以前の『日本書紀』『古事記』の記載は、日本民族の歴史の事実を否定・改竄したものだということです。同時に、この点を明らかにしない〝日本史〟もまた、グルーが指摘した「それはすべて純粋に人工的に作りだされたもの……」となります。日本人にとって極めて重大な問題で、頬かむりではすまされないこととおもいます。

二　「倭国」はヤマト朝廷とは別の王朝・国家

史料の成立年代とその意味

古代中国史料が記す日本古代像の「真偽」を考えるには、三つの角度があると思います。その一は、その史料・記録の成立年代およびその条件です、その二は、『古事記』『日本書紀』を含めて、その記載が人類の国家形成・発展の普遍性をそなえているか、反映されているかという問題です。この視点は、近世以降今日の日本古代史学に全く存在しません。大きな問題です。第三は、その記載の個々を実証的に検証しうるか否かという問題です。まず第一の問題から見ていきましょう。

史料名	王朝	撰者名		
『漢書』地理志	後漢	班固	（三二～九二）	人的交流「倭国側」有
『後漢書』倭伝	南朝宋	范曄	（三九八～四四五）	人的交流「倭国側」有
『三国志』魏志・倭人伝	西晋	陳寿	（二三三～二九七）	人的交流 倭・中共に有り
『宋書』倭国伝	南朝梁	沈約	（四四一～五一三）	人的交流「倭国側」有
『隋書』俀国伝	唐	魏徴	（五八〇～六四三）	人的交流 倭・中共に有り
『旧唐書』倭国伝	五代晋	劉昫	（八八七～九四六）	人的交流 倭・中共に有り

『古事記』　成立年　七一二年

『日本書紀』　　　　　　　　　　　　　　　　同右　七二〇年

以上ですが、その成立が『古事記』『日本書紀』よりおそいのは『旧唐書』のみです。しかし、後でみるとおりこの史料の対日交流記は、日中双方の濃密というべき人的交流にたって、かつ中国側の歴代王朝の裕福な歴史的記録の蓄積を踏まえて記されており、その信憑性は非常に高いものです。

以上の史料の成立年代を見ますと日本古代史の探究では、歴代中国の正史類を基礎に探究すべきものというのが、史料の成立年代と成立過程からの自然な考え方と思います。その理由は、歴史的記録がその歴史的現実に近いほど、一般的には真実を反映したものと考えるのが自然だからです。同時に当該中国史料の対日記事は、すべからく「倭人」の訪中、ないしは当該中国王朝から「倭国」への使者派遣をふまえた記事であって、松下見林らがいう、いわゆる伝聞・憶測記事ではないからです。

したがって一世紀の「倭奴国」記載のある『後漢書』から、七世紀の「倭国」記載がある『旧唐書』倭国伝まで、七百年間にわたって「倭国」の首都・都城を、「朝鮮半島の東南」と一貫して書いているこれらの記録は、古来「中国人は、西も東も分からない水準の劣等民族」ということが、国際的に一致して確認でもされないかぎり、事実の記載という他はないものです。

この単純ながら不動の事実を無視して、「日本人だから日本の文献を第一にすべきだ。」という考え方だけでは、到底、「事実にたって真理・真実を探究する」という学問にはならないことは、「学問・芸術に国境はない」ことが世界的にも確認されている点からも、多々云々の必要もないこととおもいます。数百年間にわたる日本史の根本的で決定的事実、しかも単純なその記載を数百年間にわたって無視して何を云おうと、事実にもとづいて真理を探究する学問の権威は、そこに生じません。

戦後の「邪馬台国論争」の正体

以上の考察から明らかになることは、実に戦後の通説の「邪馬台国論争」は、断じて『三国志』魏志・倭人伝の正しい理解や解明を探究したものではない、ということです。なぜなら正しい解明は「万世一系の天皇制は日本の伝統」なる、憲法第一条の「日本史」を葬るからです。ここにこの「歴史学」が『三国志』をはじめ古代中国正史類に対して、否定的態度に終始する理由があるのです。すなわち無実の者を有罪にする手口に通じているのです。そのきわめつけが「近畿説」です。その意図は憲法第一条死守という「資産価値」の擁護にあると考えます。

1　卑弥呼の記載は『日本書紀』『古事記』に一字もない

以上の一世紀〜七世紀の日中交流に関する古代中国正史等（以後、古代中国史料等という。等の意味は『三国史記』等の古代朝鮮史料をさす）の記載が語るものは、卑弥呼の王朝である「倭国」は、「ヤマト朝廷」とは別の王朝で「北九州」に、少なくとも一世紀〜七世紀まで連綿として、首都・都城をおいた真の日本古代文明を形成した王朝・国家であるということです。本書においてこれを検証し、通説の「日本古代史」と対照したいと思います。

戦後の日本古代史学（以後、通説という）の「邪馬台国論争」では、卑弥呼を「近畿大和説」・「九州説・東遷論」ともに「ヤマト朝廷の始祖」とし、「倭の五王」も「ヤマト朝廷」と称し、また『隋書』俀国伝は戦前から「ヤマト朝廷」とされています。しかし、『古事記』『日本書紀』に卑弥呼・「倭の五王」のことが、なぜ一語もないのか、戦後の通説に説明がありません。またさらに『隋書』俀国伝に有名な例の国書、通説が戦前から聖徳太子が起草したという、「日出ずる処の天子、書を日没する処の天子に致す、恙なきや、云々」も、『日本書紀』に一字もないのは何故か、合理的科学的な説明が求められます。

ここに沈黙して「卑弥呼・ヤマト朝廷の始祖論」などをいうのは、中国文献も『日本書紀』も無視するという、歴史学の基本である文献への正しい見地を無視した、極端に恣意的な態度です。このような態度は世界の科学的歴史学には見られない、独断ではありませんか。

歴史学とは今日生きている人間が直接には見聞できない、昔の社会とその仕組み、その出来事を知ろうという学問です。したがって文字がある時代の探究では、昔の人の見聞等の文字による記録――それは文献や金石文ですが――は決定的な資料です。

これは近代ヨーロッパの古代メソポタミア史、古代エジプト史探究での象形文字の解読の決定的な意義、またトロイ、ミケーネ等の古代ギリシャ史の解明での「線状B文字」の解読の意味が強調されている点にてらしても、文献史料の意義は明らかです。

わが国では戦前の「皇国史観」への批判の結果、「皇国史観」が絶対とした『古事記』『日本書紀』への不信から、文献への疑惑・不信があったとしても、それは『古事記』『日本書紀』に限定すべきもので、人類の歴史の文字による記録や金石文等一般に、その軽視や不信を普遍化する理由には断じてなりません。したがって少なくとも古代中国史料や、古代朝鮮史料にのみにあって『記・紀』には一語もないものを、「ヤマト朝廷のこと」というのは、著名な学者諸氏が一斉にそうされたからといっても、それに道理があるということにはならないのは明らかです。ここに『日本書紀』神功皇后紀の、『魏志』倭人伝からの引用記事の不可解さという問題をとりあげます。先述のように松下見林を筆頭にこの引用記事で、『魏志』倭人伝本文を訂正しようとする学者がいるからです。

(1)「(神功皇后)三十九年。是年、太歳己未《つちのとのひつじ》。魏志に云はく、明帝の景初の三年の六月、倭の女王、大夫難斗米等を遣して、郡に詣りて、天子に詣らむことを求めて朝献す。太守鄧夏、吏を遣して将《ゐ》て送りて、京都(魏都・洛陽)に詣《いた》らしむ。」(『日本書紀・上』、三五一頁)。

(2)「四十年。魏志に云はく、正始の元年に、建中校尉梯携等を遣して、詔書印綬を奉りて、倭国に詣らしむ。」(同頁)。

(3)「四十三年。魏志に云はく、正始の四年、倭王、復《また》使大夫伊聲者掖耶約等八人を遣して上献す。」(同三五二頁)。

以上ですが(1)の傍線部分の景初の三年」は「景初二年」、「大夫難斗米」は「大夫難升米」、「太守鄧夏」は「太守劉夏」、(2)の「建中校尉梯携」は「建中校尉梯儁」、(3)の「使大夫伊聲者掖耶約等八人」は「使大夫伊声者・掖邪狗等」と、『魏志』倭人伝と文字が違っています。写した時の誤写というのが実際と思われます。これを戦後の「邪馬台国論争史学」のように、松下見林の『異称日本伝』を無批判に踏襲して、『魏志』倭人伝の「景初二年は三年の誤り」などというのは、ここにあげた『日本書紀』と、「魏志」倭人伝の文字の違い全体を示して、『日本書紀』を正当という理由と根拠を示さなければ、それは真の学問的態度とは云えないでしょう。

この問題に関して坂本太郎氏は、「……紀(日本書紀)の撰者が中国の史書の示す事実を参考にしようとしたことは、うかがわれる。」(『六国史』、七七頁、吉川弘文館、一九九四年、新装版第一刷)

とされています。しかも、戦後の「邪馬台国論争」史学が、「卑弥呼・ヤマト朝廷の始祖論」にたちながらも、一方では「神功皇后紀」のこの引用文で、『魏志』倭人伝本文を改変し、他方で「神功皇后紀」の福岡の香椎から新羅は、どの方角にあたるかという肝心の記述については無視・沈黙するのは、学者としては不見識といわれても仕方はないでしょう。

2 朝鮮史料『三国史記』の卑弥乎

しかも、そもそも卑弥呼は単に『三国志』魏志・倭人伝に登場するだけではなく、『三国史記』新羅本紀の「巻二、阿達羅尼師今《あたるらにさこむ》」に、「二〇年（一七三）五月、倭の女王卑弥乎、使を遣わし来聘す。」という記述で登場しています。

一七三年、すなわち二世紀に卑弥呼は新羅と交流をしたと『三国史記』は、「卑弥乎」と記して書いているのです。通説はこれを「造作」としています。しかしこれも根拠がありません。ただし明言できることは、一七三年という年代に「ヤマト朝廷」が存在したという根拠はないということです。

これを見るならば「邪馬台国論争史学」が、『三国史記』のこの記事を「造作」という心理は理解できるでしょう。なぜならばこの記事を事実とみとめれば、瞬時に「邪馬台国・近畿説」はあり得ない主張となるからです。さて、このように卑弥呼という女王は、二～三世紀の東アジア世界で非常に高名な女王です。これほど高名な女王が「神功皇后だ」だとか、また「ヤマト朝廷に属する」というのが事実であれば、『日本書紀』が「魏志に曰く」などと書く事自身が不可解でしょう。おおいにこの女王を王家の誇りとして語り、褒めたたえた記事がなければなりません。

しかし現実には、卑弥呼・壱与という二代連続の女王など、『日本書紀』等に一語もありません。これが『古事記』『日本書紀』の厳然たる事実です。この『日本書紀』等の記述がしめすものは、卑弥呼は「ヤマト朝廷とは無関係」ということです。ここに目を閉ざしては真の歴史学は空中分解します。見林等のように何の根拠もなく卑弥呼を神功皇后、すなわち「女王」を皇后にあてるのは、卑弥呼等について一語も記載がない『日本書紀』の無視であるのみならず、「女王男王はあわず……大抵の伝聞訛りもの多し……」などというのは、彼の独断でしかありません。

3 「倭の五王」記事も一語もない

次に戦後の通説が「ヤマト朝廷」と一致していう、「倭の五王」関連記事が同様に『古事記』『日本書紀』には、一字もないということです。そうして「倭の五王・ヤマト朝廷論」を一斉に主張する、戦後の古代史学の学者諸氏でさえもが口ごもる、「呉国、貢奉る。」という三世紀の呉を、五世紀の「ヤマト朝廷」の朝貢国という「歴史学が泣く」ような記載が、『日本書紀』に羅列されています。

1 「（応神三七年）阿知使主《あちのおみ》、都加《つかの》使主を呉に遣して、縫工女《きぬぬひめ》を求めしむ。……中略……則《すなは》ち高麗に至れども、更に道路を知らず。……高麗の王、乃《すなは》ち久礼波《くれは》、久礼志《くれし》、二人を副へて、導者《しるべ》とす。……呉の王、是に、工女《ぬひめ》兄媛《えひめ》、弟媛、呉織《くれはとり》、穴織《あなほとり》、四の女婦《おみな》を与える。」（『日本書紀・上』、三七八頁）

2 「仁徳五八年冬十月、呉国・高麗国、並に朝献《みつぎたてまつ》る」（同書、四一二頁）

3 「雄略六年の夏四月、呉国、使を遣して貢献《みつぎたてまつ》る。」（同書、四七二頁）

4 「雄略八年春二月、身狭村主青《むさのすぐりあを》・檜隈民使博徳《ひのくまのたみのつかひはかとこ》をして呉国に使しむ。」（四七六頁）
5 「雄略十年の秋九月、身狭村主青等、呉の献《たてまつ》れる二つの鵞《がも》を将て、筑紫に到る。」（四八六頁）
6 「雄略一二年の夏四月、身狭村主青と檜隈民使博徳とを、呉に出使《つかは》す。」（四八七頁）
7 「雄略一四年、春正月、身狭村主青等、呉国の使と共に、呉の献れる手末《たなすゑ》の才伎《てひと》、漢織・呉織及び衣縫の兄媛・弟媛等を将《い》て、住吉津《すみのえのつ》に泊る。是の月に、呉の客の道を為《つく》りて、磯歯津路《しはつのみち》に通《かよは》す。呉坂と名《なづ》く。」（同書、四九〇頁、傍線は引用者）

おおむね以上ですが、先ず『古事記』には「呉国貢奉る」という記事はなく、あるのは応神記に、「また百済の国主照古王、牡馬一疋、牝馬一疋を阿知吉師に付けて献上《たてまつ》りき。また横刀また大鏡を貢上りき。……中略……また手人韓鍛《てひとからかぬち》、名は卓素《たくそ》、また呉服《くれはとり》（呉の国の機織女工）の西素《さいそ》二人を貢上き……」となっています。相手は百済とされています。もっともこの『古事記』の記事も「ヤマト朝廷」にとっては、事実無根ではありません。

これを坂本太郎氏の指摘でいえば、「宋書における倭王通交の事実は、片鱗も書紀にあらわれたいない……」とされ、続けて「隋書に見える倭国関係の記事も書紀にとられていない。」（『六国史』、七七頁）とまで書いておられるのです。これほど『日本書紀』等と、古代中国史料の内容とは共通性がないのです。

三　「皇国史観史学」の卑弥呼、「倭の五王」観

戦前の「皇国史観」を形成した水戸史学や国学は、〝『古事記』『日本書紀』の記載絶対主義〟ですから、卑弥呼や「倭の五王」をヤマト朝廷と主張した松下見林の『異称日本伝』の見解を、真っ向から否定しているのはその限りでは当然です。これが重要な意味をもつのは、戦後の津田史学にたつ「邪馬台国論争」の日本史観は、松下見林の『異称日本伝』を「皇国史観批判」の名のもとに復権したものだという点にあるのです。つまりは戦後の日本古代史学がいう「皇国史観批判」とは、「神話」の否定が表看板でその実際は、『異称日本伝』の姑息な復権なのだということです。まずは水戸史学や国学の松下見林批判を見ていきましょう。さいしょに「皇国史観」の卑弥呼・「倭の五王」論です。本居宣長は卑弥呼に関しては、先述のとおりに「熊襲の類」とし、さらには松下見林の「倭の五王・ヤマト朝廷論」を、「天皇に、讃珍済興武などと申す御名あることなし。……松下氏、此の天皇たちの御名々々を、おの〃〃かの讃などいへる名共にあてたれども、さらにかなわず、いささかも似つかぬしひごとなり。」（『馭戎概言』）とのべて否定しています。

水戸史学（『大日本史』外国伝・序）では、「自隋以前、秦漢之裔、雖有帰化者、而未聞有通使者、而彼史紀我風土物俗、虚実相半。」（隋より以前、秦漢の裔（末）、帰化の者有りといえども、未《いま》だ使者の、有通するを聞かず。彼の史にわが風土物俗を紀すも、虚実相半ばす」（傍線は引用者）と書いて、「卑弥呼、倭の五王・ヤマト朝廷論」を真っ向から否定しています。

これに限れば卑弥呼も「倭の五王」も、『記・紀』には一語もないのが現実ですから、国学や水戸

史学の卑弥呼等は「ヤマト朝廷ではない」という主張は、その限りでは正当なのです。その意味では「皇国史観」史学の方が、戦後の津田史学よりも「筋がとおっている」のです。

しかし同時に、これらの『日本書紀』等の記述絶対主義は、その本質が「万世一系の天皇制」史観、すなわちヤマト朝廷唯一史観ですから、「倭国」を「ヤマト朝廷」とは別の独立した王朝と認めず、「卑弥呼を熊襲の類」、「倭の五王を任那等に派遣されたヤマト朝廷の役人の私的行為」としました。これは「倭国」とは北九州に、少なくとも一世紀から七世紀まで一貫して首都・都城をおいた、「ヤマト朝廷」にはるかに先行した、真に日本古代文明を創設した国家・王朝である、という古代中国史料の記載を無視・否定したものです。しかし、ここに真実の日本古代史像がいわば霧のなかから、その輪郭を浮かび上がらせているのです。それは

(1) 水戸史学・国学がいうとおりに卑弥呼・「倭の五王」は「ヤマト朝廷ではない」

(2) 卑弥呼～「倭の五王」(『隋書』のタリシホコも、後述)は、「ヤマト朝廷」とは独立の太宰府に都城を一貫しておく「倭国」である、ということです。水戸史学や国学は『記・紀』絶対主義の結果、客観的には日本古代史の真実に接近した面があるのです。

したがって天皇を神格化した『日本書紀』等と、その「皇国史観」が破綻した終戦直後には、戦前の「大日本帝国憲法」第一条の「万世一系の天皇」論は、破綻寸前に直面していたのです。この時に戦前から「万世一系論」批判という、真実の「日本古代史論」があれば、戦後のアメリカ軍とその政府も対日政策で、「天皇制の護持・存続」策とは別の道もあり得たと思われます。その結果は、日本の民主主義ははるかに発展していた可能性はあったでしょう。少なくともナチスの戦犯を徹底的に追

及した旧西ドイツ並みにはなったでしょう。

ここからみて「皇国史観批判」の津田史学は、「万世一系論」にとって救いの神であったのです。津田史学は「皇国史観」の神話批判の表看板のかげで、実は卑弥呼・「倭の五王」＝大和朝廷論という、松下見林の復権を「実証主義」の名のもとに展開し、後述するとおり、これが一方では、「天皇は神」などへの「偶像崇拝批判」、他方では政治的「資産価値」維持のグルーらの対日政策に合致したものとして評価されたわけです。つまりは戦後の津田史学は「神話と天皇の神格化」の否定という形式で、その実、「倭国」は大和朝廷ではないという『日本書紀』等と「皇国史観」の、それ自身には正当性のある「日本史」を否定して、松下見林の「卑弥呼・倭の五王＝ヤマト朝廷論」を復権して、その道をとおって日本の王朝・国家は、国家開闢以来「ヤマト朝廷ただ一つという日本史観」を継承したわけです。ここにグルー等がいう、「資産価値」があるのです。

問題は戦前、「万世一系論的日本史論批判」が、明治憲法第一条や第三条「天皇ハ神聖ニシテ侵スヘカラス」等の規定の結果、行なわれなかったことや、さらには「文明開化」論に「入欧脱亜」論が付随して、古代以来の東アジア文明とその精華が、日本の保守はもちろん、進歩的傾向からもほとんど否定されるという雰囲気のなかで、古代中国正史類の対日交流記等が正しく評価されなかったという経緯もあって、この結果は、戦前からの〝天皇制批判勢力〟でさえもが、津田史学等の戦後の日本古代史学を「科学的歴史学」と考えた、率直にいえばその本質を見抜けなかったという大きな問題があるのです。この打破なくしては日本社会の真の民主主義的発展は困難と考えるものです。

すなわち決定的に重要なことは、『日本書紀』『古事記』の記す「日本史」と、古代中国正史および古代朝鮮史料の〝日本史〟とが両立しないのです。したがって「万世一系の皇統」史観にたつものは、だれであれ古代中国正史類等の対日交流記、さらにはこうした歴史の記録をうみ出した古代中国文化への否定が、絶対的なものとなるのです。この点を本居宣長の言でみましょう。

(1)「がくもんして道をしらむとならば、まず漢意《からごころ》（古代中国文献とその文明重視）をきよくのぞきさるべし。から意の清くのぞこらぬほどは、いかに古書（『古事記』、『日本書紀』）をよみても考へても、古のこころをしらでは、道はしりがたきわざなむ有ける。」（「玉勝間」）。

(2)「第一に漢意儒意を、清く濯《すす》ぎ去って、やまと魂をかたくする事を、要とすべし。」（「うひ山ぶみ」）。

(3)「初学の輩、まづ此漢意を清く除き去って、やまとたましいを堅固《かた》くすべきことは、たとへばもののふの、職場（ママ）におもむくに、まづ具足をよくし、身をかためて立出るがごとし。もし此身の固めをよくせずして、神の御典《みふみ》（古事記・日本書紀）をよむときは、甲冑をも着ず、素膚《すはだ》にて戦ひて、たちまち敵のために、手を負ふごとく、かならずからごころに陥るべし。」（前掲書）。

ここには第一に、古代中国史料の伝える歴史の事実への否定と無視という、極端な反理性的態度が日本史考察の基本におかれている点が、堂々と記され、示されています。その意味では、古代ギリシャ・ローマの民主主義と科学的思考を、「異教徒の神を恐れぬ不信心の思想と文化」と称して、西ヨーロッパ全域等でその文化遺産を徹底的に破壊し、これを守る人を虐殺した古代末期のキリスト教徒や、「百家争鳴」の「政治的批判の自由」をかかげた古代儒教」を憎悪して、「焚書坑儒」という大文化破壊を行った秦の始皇帝等に通じます。自分に都合の悪いものを否定・破壊する思想と態度です。ヨーロッパや中国ではこれらは後に批判が行なわれていますが、日本は戦後も「邪馬台国論争」にみるとおり、これはあらたに保持されています。

「文明開化」はたしかに進歩です。しかしそこに「入欧脱亜」がくっつきますと、進歩は一面的になるのです。それは例えば、事実というものは洋の東西で違うものではないので、「これはヨーロッパ文明がいう〝事実〟だから魅惑的で尊重すべきだが、これはアジア文明がいう〝事実〟だから蹴飛ばしてもいい。」というに等しい態度は、本来は成り立たないからです。つまり「洋の東西で〝事実〟に違いがあるわけでも、人間の〝理性に差がある〟わけでもない」にもかかわらず、そこに「文化圏での差別」を持ち込めば、持ち込んだ方の認識が誤ったものになるのは当り前のことです。

現に「万世一系の天皇制」絶対主義の歴史観は、古代中国史料等からは成立しませんが、グルー等も「万世一系論」を歴史論としては「偽造されたもの」としているわけです。東西に認識の差はないのです。こうみてきますと「あわせ聞くはあかるく、片寄って聞くはくらし。」という通り、「入欧脱亜」、つまりは「アジア文明ダメ論」というような思考形態は、欧米文化讃美とか欧米の〇〇思想云々とかいうことに、道理があった場合でも、そもそもまともな性格のものではないことは自明の理と思います。しかし、「文明開化」という日本史の特殊な状況下で、「万世一系派」が古代中国・朝鮮史料を罵倒している、まさにその眼前で「入欧脱亜」的思考と言動にはしることは、主観的には「天皇制批判」をいっても、客観的には「敵の敵は味方」のはずを敵とともに攻撃・否定することに通じます。しかも、それは本質的には日本民族の真実の歴史と文化をも、客観的には無視・軽視することに通じるということと思います。

大切なことは、この「万世一系の天皇制」という、理性的にはあり得ない日本史的体裁をとる政治的「資産価値」のイデオロギーを、しかし正しく批判し得るものは歴史論としては古代以来の、東アジア文明が創設した歴史の記録以外にはない、という当たり前のことが管見では、近代天皇批判をおこなった人々にも、まったく理解されていないらしい、ということです。しかも「万世一系論者」がこれを目の敵にしているにも関わらずです。

「万世一系の天皇制」絶対主義の日本軍国主義政府は、極東・太平洋で第二次世界大戦の放火者の役割をはたし、その結果は、広島・長崎での原爆被爆、一九四五年三月一〇日の東京大空襲をはじめ全国的な米軍による言語道断の無差別爆撃の惨禍に見舞われ、沖縄本島を戦場と化し無辜の民を殺し、そうして民族始まって以来、他民族に敗北してわが国土に、軍事基地をおかれるなど日本民族の歴史に永遠に消えない汚点を残したのです。この消すことのできない民族の汚点を引き起こしたものを正当化した理念が、ヒットラーの「ドイツ民族は世界に冠たり」同然の狂気につうじる、「万世一系の天皇制」のもとでの「天皇は神、日本は神国」「八紘一宇」等、水戸史学や国学の極端な反中国・反朝鮮文化を特質とする排外主義的思想です。

しかも戦後、アメリカ帝国主義が日本をアジア侵略の前線基地として利用するにあたって、「万世一系の天皇制」なる「日本史」を絶大な「資産価値」と評して、これを「象徴天皇制」と目新しい言葉で飾り、天皇制護持・存続政策を選択し、昭和天皇の戦争犯罪を棚上げしたわけです。これによって旧西ドイツが戦犯ナチスを国民的に徹底的に追及・断罪したのとは対照的に、日本の〝戦犯勢力〟は、その庇護のもとで勢力を温存し、今日、復活の野望をつよめつつあります。

現に、「わが国では、小林多喜二や野呂栄太郎を虐殺した特高警察も、軍部を助けて戦時経済を推進した経済官僚も、天皇と一体となって戦争への大号令をかけた宮内庁官僚も、戦争と軍事ファシズムの責任をおうべき多くの人々が、戦後も何の罪に問われることもなく大手を振って歩いている。それだけではなく、彼らは企業・官庁・警察・自衛隊等に居残り入り込み、後継者を育てながら、国民を監視し、勤労者の運動を敵視して押さえこむ活動を、戦後も精力的にすすめてきている。労資協調の組合作りをふくめ、戦後において日本の低賃金構造は彼らの暗躍によって支えられていると言ってよい。」（大木一訓氏著、『『内部留保』の膨張と二一世紀日本資本主義」、『経済』。No・二〇四、二〇一二、9。「注12」、二三頁。新日本出版社）という姿です。

しかも第二次大戦とそれにいたる、天皇制日本軍国主義の中国・朝鮮侵略とアジア諸国への暴虐の数々は隠蔽され、日本国民に正しく伝えられず、その結果、今日では「従軍慰安婦問題」で日本は国際的に孤立して、「最大の同盟国・アメリカ」をはじめ、国際的に厳しく糾弾をされていますが、天皇主義絶対の日本のマスコミは、中国等の欠点等には大変な熱意で報道しつつも、肝心要の自分の国の問題への国際的批判には、ほほかむりとうい不見識ぶりです。今回、自民党の「日本国憲法改正草案」（二〇一二年四月）に、彼等の先輩が日本国民と東アジアの諸国民、および世界の人々にもたらした悲惨・涙、その言語道断の所業への一片の反省も見られないのは驚きであります。

「万世一系の天皇制」なるイデオロギーは、歴史の事実と人間の理性を無視・嘲笑する思想と理念であって、これが近代日本社会の背骨をなしている事実を正しく認識せず、「万世一系論」問題などは今日の日本の問題ではなく、あたかも〝はるか昔の現実ばなれした、歴史マニアのお話〟ででもあるかに考えるとすれば、その「資産価値」を冷厳に打算しているアメリカや日本の為政者からみて、おおいに褒められる〝お人好し〟の役割をはたすこととおもいます。

戦前の天皇制は明治政府を筆頭とする日本の支配者の、戦後のそれはアメリカ帝国主義とその目下の日本の支配者の共同の、日本国民支配の「資産価値」とされているもので、これを見ないことは、日本の民主主義的発展を展望するうえで致命的な欠陥と言えます。『史記』に、「天の与えるを取らざれば、かえってその咎を天に受く。」という言葉があります。戦後、天皇制打破の絶好の機会という「天の贈り物」を、「万世一系の天皇制」の意義と問題点を正しく理解していなかった結果、生かしえず、今日、その蠢動は顕著に見えます。ここにあらためてこの問題をとりあげる意義があると思います。「入欧脱亜」という誤った考え方を克服して、東アジアの民族である日本人自身の理性の働きが、とりわけ今日のわれわれに求められる由縁です。

四　「万世一系の天皇制」の問題点――世界でなぜ本土日本人だけなのか

戦前と戦後、「日本古代史学」には「変わらざるもの」と、「変わったもの」があります。まず「変わらざるもの」は、「万世一系の天皇制は日本民族の歴史と文化」という主張です。これは〝「皇国史観批判」の雄〟である津田左右吉氏の、敗戦の翌年の『世界』(雑誌、一九四六年四月号)に掲載された「建国の事情と万世一系の思想」に、次のように主張されています。

「二千年の歴史を国民と共にせられた皇室を、現代の国家、現代の国民生活に適応する地位に置き、それを美しくし、それを安泰にし、さうしてその永久性を確実にすることは、国民みずからの愛の力である。国民は皇室を愛する。愛するところにこそ民主主義の徹底した姿がある。」（傍線は引用者）と、「万世一系の天皇制は日本民族の伝統論」が、あらためて強調されています。

この「万世一系の天皇制」という点では、戦前の日本の憲法第一条の「大日本帝国ハ万世一系ノ天皇之ヲ統治ス」の、日本史観と同じです。この点でいわゆる津田史学、戦後の日本古代史学の開祖の〝日本史観〟と、「皇国史観」との間に違いはまったくありません。

もちろん戦前と根本的に変わった面もあります。それは「皇国史観」やその先輩である国学等が、「万世一系の天皇制」を「万邦無比の国体」と称した点が、戦後史学からは姿を消したところです。しかし一方で「万世一系」をいい、他方では「万邦無比」を投げ捨てるのは欺瞞です。まず「皇国史観」の「万世一系の国体（国の特質）」論を本居宣長の主張でみましょう。

(1)「本朝の皇統は、すなわち此ノ世を照らしまします。天照大御神の御末にましまして、かの天壌無窮の神勅の如く、万々歳の末の代までも、動かせたまふことなく、天地のあらんかぎり伝はらせ玉ふ御事、まづ道の大本なるは此ノ一事。かくのごとくかの神勅のしるし有りて、現に違はせ給はざるを以て、神代の古伝説の、虚偽ならざることを知るべく、異国の及ぶところにあらざることをしる……」（「玉くしげ」、傍線は引用者）。

(2)「そもそも此道は、天照大御神の道にして、天皇の天下をしろしめす（治める）道、四海万国にゆきわたりたる、まことの道なるが、ひとり皇国に伝はれるを、其道はいかなるさまの道ぞといふに、此道は、古事記書紀の二典に記されたる、神代上代の、もろもろの事跡のうへに備はりたる。」（「うひ山ぶみ」、傍線は引用者）。

つまり「万世一系の皇統」という日本史観は、日本民族は国家形成のそもそもから、「ヤマト朝廷を唯一の王家として戴いてきた」民族で、日本民族が他民族に優越する由縁は、この唯一の王家を中心に社会・国家を形成・発展させてきたからである。という歴史観です。しかし問題は、この「万世一系の天皇制、皇統」という社会や国家発展史の姿は、日本本土以外に世界に例がないという点です。つまりは「異国のおよぶところにあらず」とか、「ひとり皇国に伝はれるを」という他はない、世界で他に例がない〝歴史〟だという点です。

したがって「万世一系の天皇制論」には、なぜ本土日本人だけが沖縄日本人を含む全世界の民族・国家に例がない、〝国家開闢いらい一王家を二〇〇〇年来いただいてきたのか、その特質はなにによってもたらされたのか〟、それをどう説明するのかという難題が生れてくるのです。同じ日本人の古代琉球人は複数的王朝・国家の交代という、世界と普遍性を共有した歴史なのに、どうして本土日本人だけが世界と違うのか、その理由が実は説明ができないわけです。これを〝固有の歴史と文化〟というのは、なぜ本土日本人だけが世界に類例のない〝固有の歴史と文化〟なのか、その説明をしなければ〝固有〟の説明にならないのです。本来は、日本本土に関しても古代琉球や世界とおなじように、NHKがとりあげた「アテルイ」同様に多くの部族を基礎にした、部族的集落から成長する都市国家群が最初です。これは中国、朝鮮、またヨーロッパでは古代ギリシャのアテネ、スパルタ、さらにはローマ等に示されている姿と同じです。そうしてそれは『漢書』地理志に「倭人、百余国」と、『記・紀』にはない記載がキチンとされているわけです。なお古代中国文献である王充著の『論衡』と、『漢書』

地理志をあわせ読めばこの「百余国」は、いまから約三〇〇〇年前の日本の姿です（拙著、『墓より都』参照、本の泉社、二〇一一年）。

さらには世界も古代琉球も都市国家群の競争・征服等によって、より大きなしかし全国を統一するには至らない複数の、いわば中規模の地域国家群へと収斂しています。古代琉球では北から「北山、中山、南山」の三国家、朝鮮半島では高句麗・新羅・百済等、中国では『史記』を飾った、燕、斉、晋、魯、衛、鄭、秦、曹、宋、呉、楚、越等といった諸国群の成立です。これに関しても『魏志』倭人伝には、キチンと「今、使訳通じる所、三〇国」と明記されています。

しかもその後の統一王朝の成立も、なお後続の政治勢力によって交代変更されるという発展が普遍的であり、これも日本に関して『旧唐書』東夷に、日本本土が二国併記され、かつ「倭国」の滅亡と大和朝廷の台頭が記されているのです。こうみてきますと『記・紀』などよりも、古代中国正史類等の対日交流記事に見る国家形成・発展の姿の方が、はるかに世界の普遍性と一致したみごとな記録となっているのです。

また、その後の日本史でも古代大和朝廷も「承久の乱」以降は武家政権によって排除され、その武家政権も北条・足利・織田・豊臣・徳川と交代し、この間、大和朝廷は政権からは排除されていたのは厳然たる事実です。しかもこの間、武家政権が諸外国に「日本国王」とみなされていたのも周知のことです。「万世一系論」はこれを「朝敵跋扈の時代」とか、武家は征夷大将軍という大和朝廷を常に戴く存在などの〝事実〟を持ちだして、大和朝廷が一貫して国家の頂点にいたかの言辞を弄していますが、これは『日本書紀』等の日本史改竄の〝成果〟であって、真の古代史が武家階級に知らされていなかった等の、「後遺症」の美化とその合理化論に過ぎません。社会・国家の発展史としてみればこの点も、日本民族と世界の多元的国家・政治勢力の交代・発展史と本質的に違いはありません。

しかし「万世一系の皇統」史観に固執すれば、古代中国正史類の対日交流記を認めることはできません。「皇国史観」はこの日本史例外論にたつ結果、日本だけがなぜ世界と違うのか説明しなければならなくなります。この説明が「日本は神国、天皇は神」という理論です。あたかも人間は人種の如何をとわず臍があります。ところで「俺には臍はない。なぜならば俺は神だからだ。」という者がいたら、世間はなんというかというような問題です。これを「固有のもの」とは言えないのです。せいぜい「例外論」なのですが、では何故、日本本土だけが例外なのか説明がいります。しかし、これは「神」を持ち出す以外には説明不能な性格の問題です。こうしたていたらくの「国史」が憲法でうたわれ教育勅語とされ、学校教育の中軸に据えられていたのが戦前の日本であり、戦後も本質的には同一の「日本史」が教えられているわけです。

五　津田左右吉氏の『記・紀』批判と「皇国史観」の本質

津田左右吉氏の『記・紀批判』は「神話否定」が特徴ですが、引用したとおり氏も「万世一系論」者です。したがって氏の「神話」否定の「記・紀批判」が、戦後に高い評価をうけたにもかかわらず、その実、「なぜ、日本人だけが世界でただ一つ、国家開闢以来唯一王家」なのか、という問題への回答ができず、そのはてに「実証主義」にすりかえているのです。ずうずうしいことこの上ない態度です。

問題は「何故本土日本人だけが、〝万世一系〟という全世界で異端的社会・国家発展史なのか。その理由を説明せよ」というものです。「皇国史観」はこの問を自問的に提起して、自ら答えて「それは日本は神たる天皇を戴く、世界に例がない民族だからだ。」としていたのです。したがって問題の核心は、「天皇が神であるか否」にはないのです。その核心は〝本土日本人だけが全世界でただ一つ、なぜ国家開闢以来一王家しかないのか、その理由は何か〟という点にあるのです。

したがって「皇国史観」は津田史学よりも、論理的能力は数段上なのです。しかし津田氏は一方で「皇国史観」同様に「万世一系論」に立ち、他方で「神」を否定してみせるのです。そうして「神」の代わりに「実証主義」を持ちだして、手品師よろしく見えをきってみせるのです。

「万世一系論」の日本古代史を「百パーセント純粋の造作物」と内心では考えるが、アメリカの対日政策上その「資産価値」を評価しつつも、「天皇は神という偶像崇拝」（一九〇頁参照）を否定するグルーらからみて、津田史学はまさに絶好の利用価値であるわけです。この結果、坂本太郎氏が指摘されるとおり、「戦後……天皇制にたいする批判の自由になった勢いに乗じて、この説（津田説）は俄に学界を風靡」（『六国史』、一五五頁）することになったのです。ここには「日本古代史」への評価の基準が〝事実〟にあるのではなく、支配者の都合に資する〝資産価値〟におかれていることが鮮明に示されているのです。

この意味は、「皇国史観」の真髄は「万世一系の天皇制」にあるということで、天皇を神、日本を神国、とした由縁は、その根底に「ひとり皇国に伝はれる」などという、日本史例外論への「説明・合理化」が真の動機です。したがってこの世界に類例のない「万世一系の天皇制」なる〝歴史〟を、「実証主義で証明する」という主張は、「神の存在を実証する」というヨーロッパでとっくに破産した代物を、新たな装いでもちだした「入欧脱亜式、文明開化論」の珍品です。したがってこれを「進歩」と称し、「皇国史観批判」と絶賛するとすれば、その「入欧脱亜」的教養の深さがしのばれるところです。

ここに「皇国史観」自身が、「万世一系論」と津田氏式の「実証主義」が一致しえないことを指摘している、興味深い文献があります。それは、昭和一二年（一九三七）に文部省が出した『国體（体）の本義』です。これは戦前の日本社会と国民生活を律した悪名たかい「皇国史観」の鑑です。

そこには「抑々我が国に輸入せられた西洋思想は、主として一八世紀以来の啓蒙思想であり、或いはその延長としての思考である。これらの思想の根底をなす世界観・人生観は、歴史的考察を欠いた合理主義思想であり実證主義であり、一面に於いて個人に至高の價値を認め、個人の自由と平等を主張すると共に、他面に於いて国家や民族を超越した抽象的な世界性を尊重する」（「緒言」、三頁。傍線は引用者）とのべています。

すなわち科学的思考とその実証主義を、「歴史的考察を欠く」ものというのです。つまりは「万世一系の皇統なる万邦無比の歴史」に頭を垂れず、その思考は、「国家や民族を超越した抽象的な世界性（普遍性の意、引用者）を尊重する。」ものというのです。こうして人類史的普遍性を尊重するという、人間として当り前の考え方を否定・攻撃するものです。この『国体の本義』はもちろん欧米文明の価値を、全く否定はしていません。しかし、それは「和魂洋才」式に評価するのであって、「万世一系の天皇制」のもとでの、「富国強兵」策の範囲内での評価です。

したがって「和魂」たる「万世一系の天皇制」なる日本史的思考にたいして、複数的多元的王朝・

国家の交代という国家・社会の発展の普遍性を共有する世界の「実証主義的歴史学」は、日本史には馴染まないというわけです。この「万世一系の天皇制」なる、人類史に類例のない〝日本史を説明しうるものは、ただ一つ神〟のみです。したがって以下に指摘するとおりに、津田史学にたつ戦後日本古代史の「実証主義」が次々と破綻するのは、水が高いところから低いところに流れるようなものなのです。

六　津田氏の古代中国文化と史料への態度

こうであれば津田氏はもちろん、津田史学にたつ戦後の日本古代史学が、「皇国史観」同様に古代中国史料を次のように罵倒し無視しても、いささかの不思議もないということになります。まずは津田氏の古代中国文化観です。

「……シナ思想そのものが深い思索から出たものではなく、シナ語シナ文が思索に適しないものであるといふことが、注意せられねばならぬ。シナ語シナ文によって表現せられてゐるシナ思想そのものが、人の思索を導きえないその力を養い得ない性質のものである。」(『シナ思想と日本』、三九頁、岩波新書、一九七五年、第二〇刷、初版は一九三八年。傍線は引用者)。

さらには、「或る人が来て、『君は支那が嫌ひだといふのに支那のことをやってゐる、可笑しいじゃないか』といふ。そこで僕が説明してやった。糞や小便をうまそうだともよい香だとも思ってゐるものは無いが、それでも毎日それを試験管のなかに入れたり、顕微鏡でのぞいてゐる学者がある。」(『津田左右吉の思想史的研究』、家永三郎氏著、二一六頁、岩波書店、一九七二年、第一刷。傍線は引用者）と、本居宣長同様の中国文化否定を、しかしより悪くした中国人劣等民族論にたっています。

そのはてには、「支那の赤化とか共産主義とかをまじめに受け取るのは、仁義の政治をまじめに考へるのと同じである。労働党や社会主義者の支那観は、かびの生えた漢学者の支那観と同程度のものである。」（同書、二一五頁）とも述べています。

それぱかりかマルクス主義にたつと公言されている石母田正氏も、「……初期ヤマト王権の形成過程は、記紀の説話的記事以外に史料がなく、朝鮮出兵の最小限の前提である吉備、北九州にたいする支配を獲得するにいたった過程、また、その政権の国家の性格等は、不分明の霧に覆われている。」（岩波講座・『日本の歴史』「原始および古代1」、一八頁。一九六二年、傍線は引用者）とし、この後は例の小林行雄氏等の三角縁神獣鏡や「前方後円墳」論をもちだして、「ヤマト王権」の九州支配を説明しています。

石母田氏は、日本古代史の解明にかかわる史料としては『記・紀』のみをあげて、古代中国・朝鮮史料群は最初から無視されているわけです。このようにマルクス主義を云々する学者も、「万世一系論者」の本居宣長、津田左右吉同様に、古代中国正史類等の存在意義を否定する点では、その思想信条にかかわりなく「左右の対立はない」情況です。近代日本の姿、「負の遺産」です。

七　戦後・津田史学の実証主義の破綻

以上からは「ヤマト朝廷一国史観」こそが、じつは「皇国史観」の本質であって、したがってこの「皇国史観」をみずからの本性とする津田史学、およびそれを開祖とする戦後の「邪馬台国論争」史学は、「近畿説」であれ「九州説・東遷論」であれ、古代中国史料を無視・歪曲・否定する点では、「皇国史観」と変りはないわけです。ただ指摘したとおりに日本史の「万邦無比」性の説明であった「皇国史観の神」を否定して、そこに〝実証主義〟をおくのです。

これは本来「神」をもちだす以外には、説明不可能な〝万世一系の日本史〟を神抜きで、「実証主義」で説明しようというものです。これはまるで〝「聖母マリアは処女ながら、キリストを生んだ。」という信仰説話を、信仰心を守って合理的に説明しましょう〟という、万が一にも不可能を可能という欺瞞にすぎないことは、『国體の本義』でさえもが指摘していたところです。

津田氏等の「実証主義」の本音は、古代中国・朝鮮史料の〝事実の記録〟を、「実証主義」的体裁で否定しようというのが真の動機ですから、結局は破綻せざるをえない宿命にあるのです。

1　首都のない王朝・国家などはありえない

歴史学での実証主義は第一に、文字による歴史の記録――文献・金石文――への正しい理解が基礎ですが、その検証に考古学的実証主義があることは周知のことです。同時に、人類の社会・国家の発展史には、民族・国籍・文化の違いをこえた共通性もあります。例えば石器時代、青銅器時代や土器製作と原始的農耕文化、または現代へと発展する農耕の開始と都市国家の形成等、さらにはその社会の生産力の発展段階にみあった、社会制度や体制の確立にみる普遍性などです。

日本古代史をこうした人類の社会・国家形成・発展史の普遍性という視点から見ますと、極端な例外性が特徴で「万世一系の皇統論」はその代表例ですが、もう一つ際立つ異端性があります。それは『記・紀』によれば「ヤマト朝廷」には、六九四年成立の藤原京以前には「京」、すなわち都城・首都がないという、他国・他民族はおろか、同じ日本人の古代琉球の諸王朝にさえも見られない、異例中の異例の姿が特質だという問題があるのです。

「日本と中国の都城の比較と並んで、律令下の都城とそれ以前の宮との関係をより深く考察することは重要な意味があり、律令下の都城が、縄文・弥生時代以来どのような経過をたどって形成されてきたのかを歴史的に再構成するという課題が存在する。」（仁藤敦史氏著、『古代王権と都城』、三頁、吉川弘文館、一九九八年。傍線は引用者）、という指摘まであるぐらいです。

都城・首都のない国家・王朝などは、日本本土以外には世界に例がありません。しかもこの問題は通説の『記・紀』研究、つまりは日本史探究上で〝故意に無視〟されている、いわば盲点です。臍のない人間がいないのと同然に、国家は都城・首都を中心に生れるものです。次の表は『記・紀』が記す「神武～天武」までの、「天皇一代毎の宮」一カ所の一覧表です。

神武	橿原宮
綏靖	葛城の高丘宮
安寧	片塩の浮孔宮
懿徳	軽の曲峡宮
孝昭	腋上の池心宮
孝安	室の秋津嶋宮
孝霊	黒田の盧戸宮
孝元	軽の境原宮
開化	春日の率川宮
崇神	磯城の瑞籬宮
垂仁	纒向の珠城宮
景行	纒向の日代宮
成務	志賀高穴穂宮
仲哀	角鹿の笥飯宮
神功	磐余の若桜宮
応神	軽島の明宮
仁徳	難波の高津宮
履中	磐余の稚桜宮
反正	丹比の柴籬宮
允恭	遠つ飛鳥宮
安康	石上の穴穂宮
雄略	泊瀬の朝倉宮
清寧	磐余の甕栗宮
顕宗	近飛鳥八釣宮
仁賢	石上の広高宮
武列	泊瀬列城宮
継体	磐余の玉穂宮
安閑	勾の金橋宮
宣化	檜隈盧入野宮
欽明	磯城嶋金刺宮
敏達	百済大井宮
用明	池辺雙槻宮
崇峻	倉梯宮
推古	飛鳥・小墾田宮
舒明	飛鳥の岡本宮
皇極	飛鳥の板蓋宮
孝徳	難波長柄豊崎
斉明	岡本宮
天智	近江大津宮
天武	飛鳥浄御原宮

この「神武」から天武天皇にいたる神功皇后をいれて四〇人の「天皇」に、都城・首都がなく奈良県の各地や、または大阪方面へ、あるいはその逆に「天皇」の治世の交代毎に、最低でも一人一カ所（多くは複数）の「宮」（通説はミヤコと読む）を転々としているのです。これは『日本書紀』『古事記』が一致して書いているところです。この四〇人の「天皇」のうち、「在位期間一桁」が一三人、うち五年以下が九人です。いまから約一三〇〇年以上前の時代です。その時代の運送や建築の技術水準を考えれば、これらの「宮」の規模は知れたものという他はないでしょう。現に通説の研究でもこれら四〇人の「天皇」たちの「宮」の所在地、ならびに規模も多くは不明か推定でしかないのです。

本来、この都城・首都問題は日本古代史探究の要の問題です。例えば中国古代史では文献史料（『史記』）には最古の王朝として、「夏」や「殷」が記されていましたが、その都城・首都が発見されるまでは、これらの古代国家は「幻の王朝」とされてきたことは周知のことです。中国ではこうした実証主義的態度が当然ながらとられてきました。これに照らせば「神武」以来、四〇代にわたって首都がなく、個人的「宮」さえもその所在地も規模も不明という、この間の「ヤマト朝廷」の実在性を疑い、「幻のヤマト朝廷」として抜本的に検討しなおすのが、本来は学問の当然の態度です。そうしないのは憲法の第一条に「万世一系……」等が規定されているからでしょう。中国人はかれらが世界に誇る『史記』の、都城が不明だった夏や殷を「幻」とし、日本ではそれはないのは学問的には二重基準です。異様な姿です。日本の姿は世界に通用するものではありません。

2 国家は都城を核として誕生・発展――氏族社会と農耕定住集落の血縁的性格

王朝や国家には必ず都城・首都があるというのは、国家とはどうして生れるかという問題にその根をもつからです。人間の最終的な定住生活の開始は、やがては国家を形成する土台となる農耕・牧畜文化を、確立した段階と言われています。日本では水田稲作農耕の確立時代です。

氏族社会では同一氏族内での結婚の禁止が普遍的なものと、国際的に指摘・確認されています。したがって農耕段階での定住化に際しては、最低でも二つの婚姻可能な氏族の定住が前提となります。しかも氏族社会とは血縁社会であって、その血縁性は共通言語・共通方言によって共有されます。こうして農耕定住生活は最初から、一定の氏族的人間集団（部族）が婚姻可能な範囲に定住するという、すなわち原始的集落を形成することを出発点とすることが、日本本土以外の沖縄をふくめて全世界で確認されています。

しかも婚姻可能な血族が二つだけというのは原理論であって、日本本土以外の全世界では、「四血縁集団・四地区制」の原始集落・原始都市の存在が、普遍的に指摘されています。より正確には氏族が幾つか集まって部族を形成して、この部族が拡大して四地区を形づくるという普遍性が指摘されているわけです。これこそは後に国家・より正確には都市国家を形成する核であって、洋の東西を問わず最初の国家群が「都市国家群」であるという由来も、ここにあると指摘されています。まず、日本本土だけは指摘されていない「四血縁集団・四地区制」の、世界的広がりから述べます。

(1) この「四血縁集団・四地区制」の最初の発見者は、一九世紀のアメリカの上院議員をも努めた著名な人類学者の、ルイス・ヘンリー・モーガン（『アメリカ先住民のすまい』、上田篤監修、岩波文庫本、一九九〇年、第一刷）です。「トラスカラのブエプロ（定住地）の四地区に住んでいたトラスカラの四つの『血統』は、多分非常に多くの胞族（婚姻可能な血縁）からなっていた。……アステカ部族も……メキシコ（今日のメキシコ市）のブエプロを四つの明確な区域にわけて住んでいた。……これらの『四地区』の住民は、『彼らは、服装や軍旗によって相互に区別され、別々の師団として戦争に出かけた。彼らの地理的な領域はメキシコの四地区と呼ばれた。』』」（同書、三八頁。傍線は引用者）。

(2) このモーガンの指摘は、エンゲルスによってヨーロッパにおいても確認されています。「……氏族内部の通婚が禁止されていたので、どの部族も、自立的に存在していけるためには、どうしても二つの氏族をふくんでいなければならなかったからである。部族の人員がふえるにつれて、各氏族はさらに二つまたはそれ以上の氏族に分裂……」（エンゲルス著『家族・私有財産・国家の起源』、土屋保男氏訳、一四四頁、新日本出版社、一九九四年、第二版）。

また「征服当時トラスカラ（一六世紀初頭のスペイン人の——チノチティトラン——メキシコ市征服）の四地区に住んでいた四つのライニッジ（血縁団体）が、四つの胞族であったとすれば——このことはほとんど確実なことだが——これでもって、胞族がギリシャ人の胞族やドイツ人（ゲルマン民族をいう）の類似の血縁団体と同じく、軍事的な単位ともみなされていたことが証明されることになる。この四つの血縁体は、各自それぞれ別個の部隊として、独自の制服と軍旗とをもって、各自の指揮官にひきいられて戦闘におもむいた。」（同書、一四六頁。傍線は引用者）。

(3)

「クレイステネスは、その新制度（アテネの国家形成促進の）において、氏族と胞族とに基礎をおく四つの部族を無視した。それに代わって、すでにナウクラリアで試みられたところの、単なる定住地による市民の区分をもとにした。まったく新しい一組織が現れた。もはや血縁団体への所属ではなく居住地だけが決定的であった。民衆が区分されるのではなく、領域が区分された。政治的には住民は領域の単なる付属物になった。」（同書、一八九頁。傍線は引用者）。

つまりアテネという都市国家はその国家形成の決定的要素として、従来の氏族時代の「四血縁集団・四地区制」を廃止して、住民をその所属の血縁団体で区別するのではなく、その住所で区別するという今日の日本人がだれでも知っている住まい方に、法律で変えたというのです。ここに都市国家は、そもそもはその前身である氏族・部族の、定住的原始都市を土台に生れて来る という点への指摘が見られるのです。

(4)

さらには「アイルランドの農民達は、……中略……受け継がれた氏族本能の存続をそれなりに

(5) 証拠だてている。ちなみに、多くの地方では同氏族員がまだ昔の領域にかなり集まっている。たとえば、（一八）三〇年代になってもまだ、モナハン県の住民の大多数は、四つの家族名しかもっていなかった。すなわち四つの氏族または部族の出自であった。」（同書、二一八頁）。

次は、最近の中国考古学による発見例です。「姜塞遺跡（紀元前四五〇〇年頃）中期になると、一集団（二分化していた）がさらに半族として分かれていくことにより、結局四つの集団が出現していくことになる。……民族例では四集団によって外婚規制による安定した双分制が存在することが示されているところをみれば、この四集団が基礎単位となり、安定した双分制による平等的な部族社会が構成されたと考えるべきだろう。」（宮本一夫氏著、『中国の歴史01、神話から歴史へ』、二二一頁。講談社、二〇〇五年、傍線は引用者）。

(6) だがはそれに止まらず最近、「四血族集団・四地区制」に関して新たな主張があらわれました。それはモーガンが約一〇〇年前に指摘していた氏族社会の集落形成の普遍的な構造を、マリア・ロストウォロフスキ女史があらためて、インカで再発見をしたという報告です。女史の『インカ国家の形成と崩壊』（増田義郎氏訳、東洋書林、二〇〇三年）と訳されている原著書の表題は「Historia del Tahuantinsuyu」（四地区制の歴史）です。

(7) 古代インド史では「四種姓」（佐藤圭四郎氏著、『世界の歴史6・古代インド』、九二頁、河出書房新社、一九八九年、初版）や「擬制的血族集団の氏族」（同書、九二頁）が指摘されていますので、この本体は「四血縁集団・四地区制」を指すと思われます。

(8) 古代沖縄においても次のように指摘されています。「マキョと呼ばれる血縁団体で構成され……他からの血縁集団の移住もあり部落が膨張して政治社会化（国家、引用者）していく……」（宮城栄昌氏著、『沖縄の歴史』、一三頁、NHKブックス80、一九九七年、第二六版）。

以上から「古代が都市およびその小領域から出発したとすれば、中世は農村から出発した。」（マルクス・エンゲルス共著、『ドイツ・イデオロギー』、古在由重氏訳、二九頁、岩波文庫、一九六一年。傍線は引用者）という指摘は、「古代国家は都市国家群として誕生する」ことを念頭にしたものと思います。しかもこれは日本本土以外の世界史で確証されています。

問題は、この原始都市から都市国家という記述が、『記・紀』に一言もないばかりか、「ヤマト朝廷」が日本国家開闢以来の「日本の唯一王家」という記述が真実ならば、当然なければならない「ヤマト朝廷」の都城・首都が、藤原京以前にはまったくないというのは不可解だ、ということです。

同時に、それは「天皇」の代替わりごとの、その多くは所在も規模も不明の「宮」云々という『記・紀』の記載は、人類史に普遍的な原始社会から国家の誕生への過程で、なければならない都市国家群と、そこから必然的に生れる都城・首都もないという点で、〝ありえない歴史〟ということです。しかも『漢書』地理誌には「倭人……百余国」と明快に記されているわけです。

また戦後、『記・紀』の神話や「神武記・紀」を批判・否定して、〝実証主義的・科学的歴史学を叫ぶ〟日本古代史学も、また真の実証主義と科学的歴史学の絶対的前提となる、「ヤマト朝廷」の都城・首都の発見はもちろん、「倭の五王の都督府」の探究も視野になく、「天皇四〇代」にわたって都城・首都がないという、『記・紀』の記載に疑問を呈しさえもしない態度は、はたして戦後の日本古代史学は真の科学的歴史学なのか、あらためて問われるところと思います。

3　古代国家の都城・首都の発見は、実証主義的古代史学の基礎

シュリーマンの「トロイの発掘」は近代ヨーロッパの古代史学と、その実証主義的考古学の確立問題としてあまりにも有名です。ここで指摘したいことは、当時の全ヨーロッパの大学の古代史の教授等が、歴史学の対象とは夢にも考えなかったホメロスの古代叙事詩、『オデュッセイア』『イリアス』を史実の反映と信じて、一介の素人のシュリーマンが当時の全ヨーロッパの大学の名だたる教授等をしりめに、ついにトロイやミケーネを掘り出したという快挙もさることながら、古代ギリシャの伝説の都市国家が実在したことを実証した点に、大きな意味があると思います。

これはシュリーマンほど華々しい話によって飾られていないにも関わらず、画期的なものに中国古代史学が、それ以前には『史記』の伝説的説話とされていた殷の首都「殷墟」を発見し、しかも日本軍国主義のあの暴虐無残を極めた中国侵略という、大国難の時代と重なりつつ発掘したことです。これによって殷の実在が確認されたわけです。さらには殷の前の古代中国最初の都市国家である夏の国都も発掘されました。中国古代史学が日本と根本的に異なるところは、これらの都城発掘以前には、夏・殷を「まぼろし」としていた点です。日本の態度にたいしてはるかに科学的、理性的であるわけです。

4　卑弥呼の都城

さて『魏志』倭人伝の都城・首都に関する記載を読めば、これが国家の要件を十二分に備えていることが判明します。この点からも卑弥呼の王朝「倭国」が、「ヤマト朝廷」であり得ないことは明瞭です。その特徴を列挙すれば次のとおりです。

(1)「女王国より以北には、一大率を置き、諸国（朝鮮半島南部を含む）を検察せしむ。……常に伊都国に治す。」

(2)「租賦を収む。邸閣（軍事用物資の倉庫ともいう）あり、国々市あり。有無を交易し、使大倭これを監す。」

(3)「訴訟少なし。その法を犯すや……。」（傍線は引用者）

(4)「国中において刺史（地方の長官）の如きあり。」

(5)「南、邪馬壱国（原文）に至る。女王の都する所、水行十日、陸行一月、……（官名、略）……七万余戸ばかり。」

以上の記述からは「一大率」という軍隊〜警察が睨みをきかせ、徴税、司法、および行政組織が存在していたことがうかがえます。これは完全な国家・王朝であって「今、使訳通じる所三十国」もまた、これに準じていたと考えるべきでしょう。ただ卑弥呼の国家は「一大率」の存在によって、「倭人」諸国に抜きんじていたということかとおもいます。しかも、卑弥呼の都城「邪馬一国」は「七万戸」と、「倭人社会」最大の人口規模であることも記されています。ここが当時の巨大都市であったことも、これで明らかかと思います。

5　卑弥呼の王宮の規模　――「婢千人を以て自ら侍らしむ。」

次にその王宮の姿と規模に関してです。

(1)「宮室、楼観・城柵、厳かに設け、常に人あり、兵（武器）を持して守衛す。」。

(2)

「……乃《すなは》ち一女子を立てて王となす。名づけて卑弥呼という。鬼道に事《つか》え、能く衆を惑わす。年已に長大なるも、夫婿《ふせい》なく、男弟あり、佐《たす》けて国を治む。王となりしより以来、見るある者少なく、婢千人を以て自ら侍らしむ。」（傍線は引用者）

以上が「魏志」倭人伝にみる卑弥呼の王宮の姿です。先ず「宮室、楼観・城柵、厳かに設け、常に人あり、兵（武器）を持して守衛す。」とあって、王宮がかなりの規模であって木製ながらも城柵をめぐらして、衛兵が武器を手に監視をしていると記されています。これはたしかに古代ヨーロッパの石やレンガ造りの城壁、また古代中国の巨大な城壁とは違います。しかし、首都・王宮には「城柵」をもうけて、衛兵が武器を手に見張りをしているという姿は、本質的に古代ヨーロッパや中国の都市国家をはじめ、古代国家の姿に通じていると考えられます。

さらには王宮に「婢千人を以て自ら侍らしむ。」とあるところに、この「倭国」が古代ヤマト朝廷とは全く異質の国家であることが、鮮明に示されていると思います。それは第一に、この王宮が「神武～天武天皇」の治世の交代ごとに転々とする、個人的な「宮」とは根本的に異なっていることを、この「婢千人」という記載が示しているからです。人間千人が個人的に生活する空間だけを考えても、その王宮が「天皇」の世代交代毎の個人的で、所在も規模も不明の「宮」とは全く異質で、その規模もはるかに巨大であると考えられるからです。

なお重要な点は卑弥呼とは、古代琉球王朝の女性神官長（聞得大君）と似たより古形の存在で、「婢千人」の「婢」は三世紀の中国人の勘違いで、古代琉球の女性神官群とやはり似たものではないかと思います。それが「自ら侍らしむ。」という興味ふかい記述で示されているのではないかということです。『隋書』俀国伝にも「後宮に女六、七百人あり。」とあります。

この「後宮」は来日した隋使の勘違いで『魏志』倭人伝の「婢千人」と、同じ性格ではないかとおもいます。これが重要なのは「倭国」には少なくとも三世紀から七世紀まで、その王宮に一千人~数百人の女性神官群がいたという点です。これが王宮の一部であることは自明のことですから、その王宮の規模は三世紀~七世紀の間、「天皇の治世の交代毎に転々とする、その所在地も規模も事実上不明の宮」とは、根本的に異なる規模と性格をもっていたことは明らかであって、『魏志』倭人伝や『隋書』俀国伝のこれらの記載からも、「倭国」と「宮」段階の「ヤマト朝廷」とは異なるものであることは、明らかとおもいます。

また、『魏志』倭人伝では卑弥呼の死後、壱与が共立され魏朝と壱与との交流が、「倭人伝」に記されていますが、そこに遷宮のことは一語もありません。すなわち何からなにまで『三国志』魏志・倭人伝と、『日本書紀』『古事記』との間には、都城という国家存立の基本問題での一致性は全く見られない、というのが文献上の事実です。

なお最近、「纒向遺蹟の巨大建物は卑弥呼の宮殿」という、石野博信氏(『大和・纒向遺蹟』、石野博信氏編、二〇〇八年、学生社)等の主張がありますが、第一に、そもそも『三国志』魏志・倭人伝の、卑弥呼の「国邑」・都城の所在地は、先述のとおり「帯方郡治の東南」であって、朝鮮半島から見て「海東」の近畿地方は該当しません。卑弥呼にかかわる一切のことは、この『三国志』魏志・倭人伝が根拠であって、これを無視した「自由な発想」は学問のことではないでしょう。第二にヤマト朝廷には先述のとおり二代続けての女王などもありません。第三に、ヤマト朝廷はその始祖以来、四〇代の「天皇」

は例外なくその治世の交代毎に「遷宮」していると、肝心要の『日本書紀』『古事記』が明記しているのですから、これらのヤマト朝廷の正史の記述と、「魏志」倭人伝の記載の食い違いを棚にあげた、その意味で整合性のない主張は、歴史学としては如何なものでしょうか。

八 「三角縁神獣鏡・中国鏡説」の崩壊

「邪馬一国・近畿説」は自説の物証として、「三角縁神獣鏡・魏鏡・中国鏡説」をかかげて勝ち誇っていたのですが、この銅鏡の本場・中国の社会科学院考古研究所の前所長の王仲殊氏が、一九八一年以来、「三角縁神獣鏡魏鏡・中国鏡説」を完膚なきまでに批判をし、日本側はおこなうべき反論もできず、自己批判もせずという姿です。

その批判の要点は、第一に「三角縁神獣鏡は中国本土や朝鮮半島からは、一つも出土しておらず、黄河流域には「神獣鏡」という文様が存在したことがない等、全部で七~八点にわたって徹底的な批判(王仲殊氏著、『三角縁神獣鏡』、西嶋定生氏監修、学生社、一九九八年、初版)が行なわれています。古代中国正史類等をなかば罵倒してきた日本古代史学の姿が、ここでは小さく見えます。事実を無視・罵倒するものがいつかは必ず迎える、「最後の審判」でしょう。

九　都城・首都がないものに巨大ピラミッド的規模の古墳がつくれるか

「仁徳陵（大仙古墳）はピラミッドに匹敵する」等と、一流の学者が一斉に主張し教科書にもかかれ、ＮＨＫをはじめわが国のマスコミも一斉に報道して、四～五世紀の「ヤマト朝廷」巨大説が既定の事実のようにいわれています。しかし、この「巨大古墳」を造営したと称されている「天皇」たちに、実は首都がないわけです。しかもその「宮」の所在地も規模も不明という「天皇」に、はたしてピラミッドに匹敵する墓が造営できるでしょうか。

大和朝廷の最初の都城は持統天皇の「藤原京」です。これは次の問を必然とします。なぜ七世紀の最終期に最初の都城・首都が生れ、それ以前にはどうして都城・首都がないのかと。そうして『旧唐書』倭国伝では、「倭国」は唐の貞観二二年（六四八年）まで、唐朝と交流していると記され、『旧唐書』日本国伝（後述）に、八世紀初頭の「長安三年（七〇三）」、初めて中国史書に登場する大和朝廷の遣唐使・粟田真人等が、唐朝に「倭国を併合した」と述べているのですから、「倭国」の滅亡は六四八年から七〇三年の間です（「第三章、三　七世紀半ば、日本の王朝交代　遣唐使が語る『日本史』」を参照）。

ここにたてば新興勢力の「大和朝廷」が、「倭国」併合後、早速造営にかかったのが藤原京で、これが六九四年に一応の完成に近づいたという経緯も、無理なく理解できるわけです。すなわち「北九州」の「倭都」から、七世紀の最終時期に近畿大和に新たな王朝・国家がうまれ、それとともに新しい首都・京師が誕生したのだということです。そうしてここにたてば『古事記』（七一二年）、『日本書紀』（七二〇年）が何故、八世紀前半にそろって誕生したのかということも、大宝律令が七〇一年に制定されたということも、自ずから明らかになるわけです。

私はこれが真実の日本古代史と考えておりますが、ここにたてば「倭国」支配時代に、「ヤマト朝廷」に首都・都城がないのはなんの不思議もないのです。つまり『古事記』『日本書紀』は、藤原京造営以前の日本古代史を抹殺して、「ヤマト朝廷一元史」という「日本史」に、真実の日本史を偽造したのだと。これが『日本書紀』『古事記』の実態であり、役割なのだと。この点あとで具体的にのべます。さて、古代沖縄の「北山、中山、南山」という王朝をふくめて、世界史に「首都・京師のない王朝」がありますか。この問題を提起しているのは私だけですが、応答はもちろんありません。

こうして一見、長年、高名な学者諸氏の研究で高く積み上げられた学問の輝く金字塔にみえる、「日本古代史」は世界の王朝・国家の発展史にみる普遍性に照らすと、あっちが破れこっちが傾いているという具合なのです。どこか破れた張り子の虎に似ているのです。例えば「ギザのピラミッド」を造営した古王国時代のエジプトには、「白い壁」と呼ばれていた約一〇〇〇年間にわたる首都メンフィスがあります。これに照らすときに「大仙古墳はピラミッドに匹敵する」等の、戦後の日本古代史学の「実証主義」は根底から崩壊します。それはまた、「海の正倉院」と称されている沖の島の莫大な遺品からも明らかになるのです。この遺跡は、都城のない者にピラミッドに匹敵する古墳などは造営できない、という考え方の正しさを示すものです。

井上光貞氏は沖の島に関して次のように述べています。「祭祀場の跡は巨岩の陰にあった。古墳のように地中に埋もれておらず、まるで昨日そこに置き去ったように、銅鏡や金銅製品が輝いていた。

沖の島への奉納品は古墳時代、とくに中期や後期の品物が多いが、調査の対象になったものだけでも、銅鏡四二面、鉄刀二四一本をはじめ装身具や馬具など、当時の大古墳の副葬品にも劣らないものが数万点も発見されている。この多数の、また優秀な奉納品は、大和政権の海外進出にともなった国家的規模の大祭祀でなければとうてい考えられるものではない。沖の島はもともとは、この地方の集団の祭祀の場所であったろうが、やがて大和政権はここの神々を国家的な規模で祭り、それに朝鮮経営の守護や軍船の安全を祈ったのであろう。……沖の島は五～六世紀の大和朝廷の朝鮮経営を物語る貴重な遺跡である。」（井上光貞氏、『日本の歴史・1』、四〇〇頁、中央公論社、一九八五年。傍線は引用者）。

しかし、七世紀後半まで「倭国王朝」が存在していたという、『旧唐書』日本国伝にある粟田真人ら遣唐使のいう〝日本史〟、ならびに大和朝廷の最初の都城・首都が六九四年以後の藤原京で、それ以前に都城・首都がないという『記・紀』の記載にたてば、沖の島のこの巨大な奉納品は、「倭国王朝」の奉納品であることは論をまたないでしょう。これらの奉納品は近畿地方の前方後円墳等の遺物の性格を明らかにするものでしょう。

そもそも国家開闢以来、「一の王家が二〇〇〇年間も君臨し、その他の王朝も国家もない民族・社会・国家」などは、日本本土以外には例がない「歴史」なのです。したがって本来、この「例外の歴史」が果たして真実か、これが日本古代史探究の一番の要の問題なのですが、これは一切探究せずに逆に「万世一系の皇統史」こそが日本史、特に日本古代史だと戦後の「皇国史観批判」史学が、〝実証主義〟的「記・紀批判」をかかげるのです。しかし、世界の社会・国家の発展史の普遍性にたてば、その〝実証主義〟は次々と破綻するのです。これは当前で、神をもちだす以外に説明できないものを〝実証する〃など不可能です。

一〇　真の実証主義と日本古代史の真実

歴史学における実証主義とは、文献史料のある時代の研究では、一言でいえば文献の実証主義的検証が土台です。そうして王朝の存立確認の基礎は、その都城・首都の確認が土台です。この当たり前の視点にたつや古代中国史料が、「倭国」を北九州に首都をおくものという記載は、不動の事実によって〃実証〃されるのです。同時に、「神武」から天武まで四〇代、「ヤマト朝廷」に首都がないという大和朝廷の正史の記述は、古代中国史料の記載の正しさをも証言していることになるのです。皮肉なことです。

水田稲作発祥は北九州――近畿大和と約一千年の時差

すでに指摘したとおり国家発祥の前提条件は、農業・牧畜の開始とされています。日本では水田稲作の発祥と発展こそがその土台です。この発祥の地こそは北九州（豊葦原の中国）であることは、通説も一応は認めています。問題は、その北九州・九州から近畿大和地方への伝播の時差なのです。通説の年代観を形成しているものは〃土器編年〃であって、水田稲作の東進を遠賀川式土器の東進を基準として論じています。つまりは土器編年の結果、古代気象への考察が完全欠落するのです。

ここに高知大学名誉教授の中村純氏（花粉分析学）の、花粉分析という広く世界で古代年紀と、古代の自然環境の研究につかわれる科学的方法にたつ、日本の水田稲作の始源と展開に関する研究の、要点を引用で示しておきたいと思います。

① 「板付遺蹟（福岡県）の「J―23地点」と「福岡県遠賀川沿いの鞍手地区」は、14C年代測定値で三四〇〇年前」（中村純氏著、「花粉から分かる稲作の苦闘」、四五頁、『科学朝日』、四一巻六号、一九八一年）

② 「福岡県福岡市の板付遺蹟の「G―7A地点」は夜臼式土器が出土して、その年代は放射性炭素濃度によると二九〇〇年前となる。」（前掲書、四五頁）とあります。これは二〇〇三年の五月に発表された、通説史観にたつ国立歴史民俗博物館の北九州での水田稲作開始に関する、放射性炭素14年代測定法（AMS法）の測定値と同じ年代値です。通説の土器編年値よりも約五〇〇年古く約三〇〇〇年前ということです。ただし中村教授の発表は歴博の二三年前です。

③ 「三〇〇〇年前は、一時的植生破壊期（地球的規模の一時的な寒冷化で、低温多湿の不安定気候、寒冷帯林の増加等をいう）にあたる。それ以前から水田稲作が存在した北九州（福岡・板付地区、遠賀川・鞍手地区等）を基点に、稲作は広がった。」（同書四六頁）。

④ 「北九州から中国側瀬戸内、奈良盆地を経て浜名湖にいたる線の南側の地点では、一時的植生破壊期がおわるとほとんど時をおなじくして稲作がはじまる。つまり北九州で稲作が始まってから一時的植生破壊期をふくむ数百年の間に稲作が始まった地点は、発見されていないのである（前掲書、四七頁）。

また北九州～浜名湖線の北側に位置する地域では、明らかに弥生時代以降に稲作が始まり、南側に比べて数百年の遅れがある。――中略――筑波大の吉野正敏教授、足利工大の漆原和子講師（一九七七年）によると、三〇〇〇〜二〇〇〇年前は気候悪化期で中国側瀬戸内沿岸部と浜名湖を結ぶ線よりも北側の山陰地方から中央日本、東北日本、さらに北海道南部は特に低温で湿潤であったという。一時的植生破壊期……の回復期に入っても、なお低温多湿な気候がこれらの地域では続いたらしく、――中略――したがって、この気候悪化期が過ぎた後、すなわち二〇〇〇年前から稲作地帯は北に拡大したといえよう（同書、四七頁）と指摘されています。

⑤ 中村氏の調査では、近畿地方の水田稲作は『唐古遺蹟』「垂水遺蹟」ともに弥生時代（「花粉分析による稲作史の研究」、『考古学・美術史の自然科学的研究』、古文化財編集委員会編集、日本学術振興会発行、一九八〇年）であって、北九州との時差は約一〇〇〇年近い開きがあるのです。

これらの研究は、北九州・九州で水田稲作が一時的な小氷期という条件で、そこに閉じ込められ、かつ当時の技術的限界のなかで一定の飽和状況に達し、その後の気象の変化にそって九州からの東進が開始されたことを示しています。この点、通説自身が水田稲作の日本本土への展開の指標を、福岡県の「遠賀川式土器」においていることとは、その限りでは一致しています。

「神武の東征」説話の真実

通説は、この中村氏の自然科学的研究を一切無視しています。しかし、こうした自然科学的研究の到達点と「日本神話」の「国譲り説話」や「神武の東征」説話とは、その部分部分は別に大局においてよく合致しているのです。

ここに『日本書紀』の神武紀の一部を記しましょう。「鹽津老翁《しおつのをじ》（港の老船頭。大分県の宇佐市、ここは古代九州と瀬戸内、近畿方面、および東南九州の交通の要）に聞きき。曰ひしく、『東に美しき地（国）有り。青山四周《よも》にめぐれり、……余謂《われおもう》に、彼の地に、必ず以て大業を恢弘《ひらきの》べて、天下に光宅《みちを》（大きな家）るに足りるべし。』」（『日本書紀・上』、一八九頁）。

ここには真実と『日本書紀』の編者の歴史の作為的偽造が半々です。傍線部分が偽造、真実の部分はその前の二点です。北九州・九州の水田稲作が、気候の寒冷化によって九州内部にとじ込められた結果、当時の稲作技術の制約のもとで、その適地の取得をめぐる氏族・部族間の抗争は激烈であったと推測されます。

それは『神武紀』にも、「各自疆《おのおのさかひ》を分ちて、用《も》て相凌《あひしの》ぎ、轢《きしろ》はしむ。」と書いているところにもうかがわれます。これが「北九州～浜名湖線」以南で水田稲作が可能になると、九州内部の抗争は「北九州～浜名湖線」以南の、適地獲得闘争に転化されたと思われます。

北九州～浜名湖線

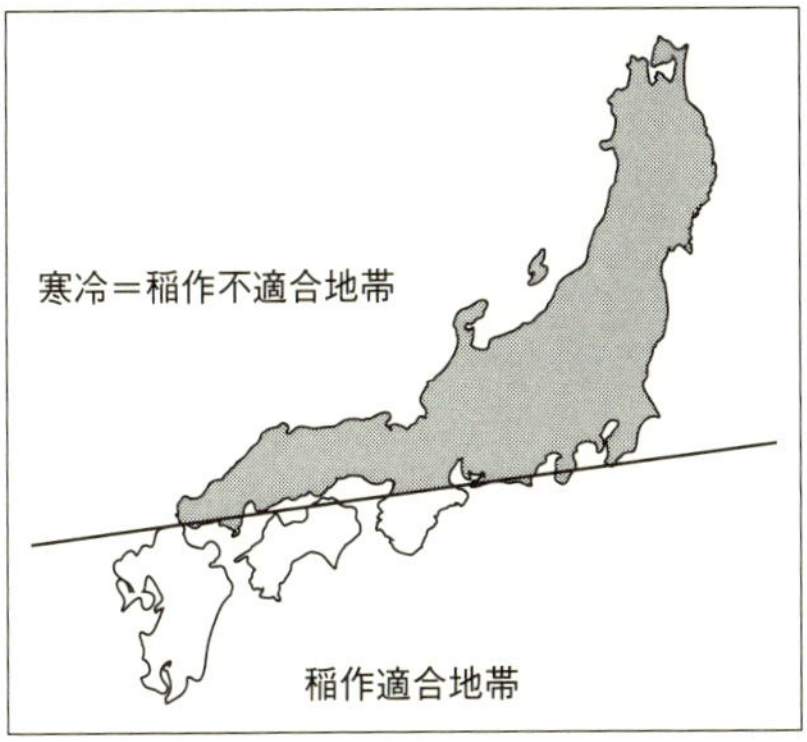

この「北九州～浜名湖線」以南では近畿大和盆地は九州に次ぐ平野であって、その他の本州部分は瀬戸内は沿海部に止

まり、四国や紀伊半島も山地が多く、また大阪は広大な「河内湾」広がり、ここが今日の姿になるのは五世紀ごろ（梶山彦太郎氏・市原実氏著、『大阪平野のおいたち』、青木書店、一九九〇年、第三版）とあります。したがって近畿大和の地は九州に次ぐ盆地があって、一斉に「東に美しき地有り。青山四周にめぐれり。」という、憧れの地になったと思われます。同時に当時、関東はまだ寒冷の地であり、したがって「東に美しき地有り」という記述は、非常にリアルで切実なものと思われます。ここに「神武」らが近畿大和を目指し、近畿地方よりはるかに広い関東を目指さなかった理由も、明快に示されていると思います。

次に、神武自身の実在は不明ですが、九州に「東の美しい地」をめざした人々が、少なからずいたことは『日本書紀』のここの部分に、饒速日《にぎはやひ》（物部氏の遠祖という）という者が先に「天下っている」（天磐船に乗りて飛び下る者、同書、一八九頁）とあることからも知られます。

ついでに指摘すれば「天下る」とは「倭国」の中心（今で言えば東京）から地方に行くことであって、今でも、これを「下り」その逆を「上り」と言っております。これを最初に指摘されたのは古田武彦氏（『盗まれた神話』角川文庫・一九八〇年、第四版、現代ミネルヴァ書房刊）です。饒速日は「アマ国」（倭国）から船で飛び下りたと『日本書紀』にありますが、「飛び降りた」部分は、神武神聖化の『日本書紀』の編者の偽造です。つまり「皇国史観」の先輩格の人為的な表現です。事実は「倭国」から地方に行くことを「下り」と言い、遠方には船を使ったということです。だからこそ「鹽津老翁」が登場するのです。

が、さて以上のように「東の美しい地」をめざした者は多くいたはずです。イギリス等から新大陸アメリカに家族ごとに、幸いを求めて船出したようなものです。その意味では「神武は実在した」のです。しかもこの人々は九州では「あぶれ者」だという点が重要です。自身の水田で悠々と暮らせる者が未知なる世界に、裸一貫で行くはずもないでしょう。すなわち近畿地方は「倭国人」（部族名がアマ氏族＝海人族、またの名安曇族）の植民地、つまりは「アマ下りの地」なのです。

しかも「神武」はこの「東の美しき地」を、先述のとおりに「鹽津老翁」から聞いたとあります。ここに「神武」の真実の姿が覗けて見えます。この真の意味は次のようです。『古事記』には、「何地に坐《ま》さば、平らけく天の下の政を聞こしめさむ。なお東に行かむ。」とあります。傍線部分は偽造です。真実は「何地にいけばいいのか、なんせ東に行ってみよう」ということでしょう。「ここではダメだ。なんせ東に行こう」（古田武彦氏著、『盗まれた神話』）という水準の社会的存在でしょう。

そしてここにルイス・ヘンリー・モーガン著、『古代社会・上』（荒畑寒村氏訳、角川文庫一九六六年、六版）に記される、氏族社会の普遍的な姿とされる「戦争の私的自由の風習」（同書、一四一頁）が、わが日本民族においても同じであったことが、鮮やかに浮かびあがってくるのです。

この「私的戦争の自由」という風習は、インディアンの場合には盟約がない他氏族とは、理論的には「戦争状態」といわれています。インディアンの場合、戦争をしたくなった個人は「戦舞」をはじめ、参加したい人はその戦舞に加わったとされています。西部劇でインディアンが石斧や弓を片手に踊る姿がありますが、これが戦舞です。これは全人類史的普遍性があるもの、と考えられています。古代中国では「鼓舞」が有名で、日本ではこれから「勇気を鼓舞する」と言われていることは周知のことです。

さらには「われわれはすでにアメリカ銅色人（インディアン）について述べたところで、氏族制度とならんで自力で戦争をするための、私的な団体がどのようにして形成されるかを見てきた。これらの私的団体がドイツ（ゲルマン民族）のもとでは、すでに恒常的な団体になっていた。名声をかちえた軍事指導者は、略奪欲に燃える一群の若者を自分のまわりに集め、若者たちは彼に、また、彼は若者たちに個人的誠実の義務を負った。指揮者は若者たちを給養し、賜り物をあたえ、階位制にしたがって彼らを編制した。それは小規模な出征の際の親衛隊、兼、戦闘力ある部隊であり、大規模な遠征のさいの練達した将校団であった。」（エンゲルス著、『家族・私有財産・国家の起源』、二三八頁）と、ローマ帝国領内への「ゲンマン民族の大移動」期の、ゲルマン諸部族の戦闘的移動の性格を述べています。さらにはゲルマン人のこの私的な戦闘部隊と組織が、ローマ滅亡後のいわゆる中世ヨーロッパの王と貴族階級を形成する源流である、とも指摘しています。

興味深いのは日本のマルクス主義をいう古代史学の諸先生等が、「神武説話は造作」とされるのですが、マルクス・エンゲルスやモーガンの研究に照らしますと、人類史の事実に合致したものとなる不思議さです。つまり「神武」や「饒速日」という人々は、九州内部では希望を見出しえない境遇の氏族・部族の軍事的指導者等で、「いざ、東にいこう」と近畿大和の、「……青山四周にめぐれる」地をめざして、氏族・部族をまとめて進軍した人々と考えられるのです。当然「女・子供」ともどもの進軍であること、あたかも西部開拓時代の幌馬車隊や、「ゲルマン民族の移動」の如しでしょう。

したがって「辛酉年《かのとのとりのとし》の春正月の庚辰《かのえたつ》の朔に、(神武)天皇、橿原宮に即帝位《あまつひつぎしろしめ》す。」（『日本書紀・上』、二一三頁）というのは完全な偽造記事であって、たとえ「神武」が近畿大和の地の一角で〝即位〟し

県	遺跡	面積
福岡県	板付遺跡	六〇、〇〇〇㎡
	三雲遺跡	六〇〇、〇〇〇
	須玖遺跡	一、〇〇〇、〇〇〇
	横隈山遺跡	四、五〇〇
佐賀県	千塔山遺跡	四、一〇〇
	中郭　遺跡	五〇、〇〇
	吉野ケ里遺跡	四〇〇、〇〇〇
計		二、〇一九、六〇〇㎡
大阪府	池上遺跡	一一〇、〇〇〇㎡
	東山遺跡	五、〇〇〇
	安満遺跡	八、〇〇〇
奈良県	唐古・鍵	二五〇、〇〇〇
	＊なお、いま評判の纏向遺蹟には環濠はない、という。	
計		三七三、〇〇〇㎡

ても、九州に本家の氏族や部族集団が強大な力を誇っており、第二に、「東に美しき地有り。青山四周にめぐれ」る地を目指した人々は他にも多くいたはずで、その「即位」は、やっと「神武」の氏族・部族の生活の場の確立をいうに止まるものにすぎません。以上、戦後の津田史学にたつ「邪馬一国論争」史学の実証主義は、「万世一系の皇統」という日本史合理化の表看板に過ぎません。最後に通説の学者がかかげる興味深い彌生時代の「周溝集落」の、北九州と近畿地方の面積の比較をしめしておきます。(佐原真氏編、『古代を考える稲・金属・戦争』、一五三頁、吉川弘文館、二〇〇二年)の表のうち、福岡と佐賀は小さいものをはぶき、大阪、奈良は全部を掲載したものです(単位　平方メートル)。

製鉄・鉄器製造鍛冶の近畿地方の後進性

さらには弥生時代の近畿地方は、製鉄・鉄器生産鍛冶遺跡はほとんど「無い」というのが、今日の通説の考古学の実際の到達点です。菊地秀夫氏著、『邪馬台国と狗奴国と鉄』（彩流社、二〇一〇年）掲載の、奥野正男氏の「県別鉄器出土表」（同書九六頁、奥野正男氏著、『鉄の古代史』――「彌生時代」、白水社、一九九四年）によれば、九州が実に全国の八四・四パーセント、福岡県一県で三五・七パーセントをしめています。これに対して近畿方面は兵庫、大阪、京都、奈良、志賀、和歌山、三重の七府県の合計でわずかに三・四パーセント、奈良県は事実上ゼロです。

この近畿・奈良方面の弥生期の鉄生産の限りなく「ゼロ」に近い姿は、村上恭通氏著、『古代国家成立過程と鉄器生産』（青木書店、二〇〇七年）でも次のように指摘されています。「勝山遺跡は広大な纏向遺跡群の一角に位置しているが、ここでは当該期（古墳時代前期）の鉄滓が数カ所で検出されている。博多遺跡レベルに達していないものの、弥生時代に皆無であった鉄器生産の痕跡の飛躍的な増加といえる。……博多遺跡群に連動した様相がうかがえる」（一一三頁。傍線は引用者）。

ここには纏向遺跡の建造物等が古墳時代初期以降のもので、北九州から侵攻した「倭人」勢力に属するものによるという点が、鉄器遺跡という動かぬ事実によって示されています。「鉄は国家なり」という言葉があります。階級分化の遺蹟も製鉄・鉄器製造遺蹟もない彌生時代の近畿地方に、「大和朝廷が存在していた」などというのは、キリスト教の「聖母マリアの処女懐胎説」同然の、科学とか学問とかのことではなく宗教・神・神話の世界、すなわち信仰の世界の話です。

こうして津田史学の実証主義の仮面の下には、本居宣長等の「神話」礼賛同然の素顔――「万世一系の皇統」史観＝ヤマト朝廷唯一史観――が隠れているのです。その本質は『聖書』や『コーラン』と同質の世界です。

第三章　古代中国文献等と『記・紀』および通説の対照

一　「倭の五王・ヤマト朝廷論の崩壊」　都城問題から

　卑弥呼や「倭の五王」の都城・首都は「北九州にある」、これが歴代中国正史類の記載です。これが事実であれば今日の〝日本史古代史〟は否定されます。真の日本民族の歴史には、北九州に首都をおいていた「倭国」が存在していたにもかかわらず、『日本書紀』等はその事実を記していないのですから、日本民族の歴史の書としては失格だということです。ここでは都城・首都の確認こそが、実証主義的歴史学の基礎という視点で、戦後の通説がいう「倭の五王・ヤマト朝廷論」を検証しましょう。そのためにまず、通説が「倭の五王」にあてる天皇の「宮」の所在地等を別表にしめしました。

天皇名	在位年数（紀）	年齢	宮（みやこ）名	所在地
仁徳	八七	八三（記）	難波の高津宮	大坂城付近という。不明（在位年数と年齢が食い違う）
履中	六	七〇	磐余の稚桜宮	奈良県桜井市付近～磐余池付近かという
反正	五	六〇（記）	柴籬宮	「河内の丹比」。大阪府羽曳野市丹比付近という
允恭	四二	七八	遠つ飛鳥宮	奈良県明日香村・不明という
安康	三	五六（記）	石上の穴穂宮	奈良県天理市田町という
雄略	二三	一二四（記）	泊瀬の朝倉宮	奈良県桜井市大字泊瀬――諸説あって不明という

この表で「倭の五王」に六人の「天皇」が並んでいるのは、松下見林（『異称日本伝』）が、「倭の五王」を「ヤマト朝廷」と称するに際して、「五王」の最初の讃を履中としたのに対して、那珂通世氏（『外交繹史』、「第四一章　宋斉梁書ノ倭国伝」、岩波書店、一九五八年）等が讃を仁徳にあて、両説相争い今日にいたるという経過のためです。さてご覧のとおりに六人の「天皇」のうち仁徳・允恭・雄略の「宮」の所在地、したがってその規模も「不明」というのが通説であり、履中・反正・安康の三人は「推定」で、しかもその〝在位期間〟はわずかに五年前後です。これらは「倭の五王・ヤマト朝廷論」にとり命とりの問題なのです。

「倭の五王」とは

問題は『宋書』倭国伝等の「倭の五王」とは何かという点です。それは「讃死して弟珍立つ。使を遣わして貢献す。自ら使持節都督倭・百済・新羅・任那・秦韓・慕韓六国諸軍事、安東大将軍、倭国王と称す。」とあるように、中国南朝に臣下の礼をとり、その代償に「倭国」の朝鮮半島での権益を擁護する、当時の国際的関係を具現した役所をその都城におく王、およびその王朝です。井上光貞氏は、四世紀（三五五年）に今日の朝鮮北部にあった高句麗は、中国北方の鮮卑族の王朝・前燕《ぜんえん》に朝貢して征東大将軍営州刺史楽浪公に封じられ、また百済も東晋に入朝（三七一年）して、鎮東将軍楽浪太守をおくられ、さらには四一六年には、使持節都督百済諸軍事鎮東将軍百済王に封じられたとされ、「これら諸国の朝貢と柵封は、けっして儀礼的なものではなかった。中国王朝の秩序体制に参加することによって、かれらが実力で得た地位とその領土とを、あらためて中国王朝から権威づけてもらおうとしたものである。」(『日本の歴史・1』、三六七頁、中公文庫、一九八八年、二四版)とされています。そうだとすれば「倭の五王」の中国南朝への使者派遣と、その「使持節都督倭・百済・新羅・任那・秦韓・慕韓六国諸軍事、安東大将軍、倭国王」という受号も、また同様の性格のものでしょう。

「倭王」たちは知られているとおり四一三年の東晋(安帝)の時に、「倭王・讃」が貢献、以後、四二一年、宋の武帝の時に「倭王・讃」、四二五年、宋の文帝の時に「倭王・讃」。四三八年、宋の文帝の時に「倭王・珍」。四四三年、宋の文帝の時に「倭王・済」、四六〇年、宋の孝武帝の時に「倭王・済」。四六二年、宋の孝武帝の時に「倭王・興」、四七七年、宋の順帝の時に「倭王・興」。四七八年、宋の順帝の時に「倭王・武」が使者派遣をし、その後、四七九年、斉の高帝の時に、「倭王・武を鎮東大将軍とす」、さらには五〇二年には梁の武帝が、「倭王・武を征東将軍とす」まで約一世紀のあいだ、中国南朝と連綿として交流をしています。

したがってこの約一〇〇年間、「倭国王」が新羅・百済をはじめ、朝鮮半島南部を中心にした勢力よりも、上位の存在であったということです。もっとも四五一年の南朝劉宋は、「倭王・済」の要望に対して百済を削っています。つまりは中国・南朝は「倭王」の要望に百済をけずるなどの対応はあれ、新羅をふくむ朝鮮半島の諸国からの「朝貢」を「倭国」がうける資格を認め、「倭国」は百済をも自国への「朝貢国」と見なしていたということとおもいます。

これらが事実の記載であることは通説も認めているところです。しかも梁の武帝(五〇二年)の「倭王・武」への任官の、約一〇〇年後にあたる『隋書』俀国伝の開皇二〇年(六〇〇年。隋の高祖文帝の年号)の条に、「新羅・百済、皆俀を以て大国にして珍物多しとなし、並びにこれを敬仰し、恒に通使・

往来す。」とありますこれをいれれば四一三年以降、約二〇〇年間にわたる新羅・百済に優越する、「倭国」の国際的位置を語る記録ということになります。

「使持節都督倭・百済・新羅……六国諸軍事、安東大将軍、倭国王」府はどこか

『宋書』倭国伝の意義は、五世紀の日・中・朝の国際関係の記録であるばかりか、「倭国」の首都が国際的には、〝使持節都督倭・百済・新羅・任那・秦韓・慕韓六国諸軍事、安東大将軍、倭国王府〟（以後、都督府という）、と認識されていたことを示す記録でもある点にあります。つまり「倭国王」の首都が「都督府」として、存在していたということです。

したがって五世紀の日本史探究の決め手は〝都督府はどこか〟という問題です。「大仙古墳はピラミッドに匹敵する」などという、成立の余地のない手品的すり替えの議論ではなく、「都督府」という文献的にも国際的にも明快な都城がどこか、これを明らかにすることが、真の実証主義的な日本古代史の課題です。しかも、『宋書』倭国伝をはじめ古代中国史料は、「倭国」の首都・都城は「北九州」と一貫して記しているのです。つまり文献史学からはその所在地は明快であります。したがってそれを実証的に検証することが、真の歴史学の唯一の立場のはずです。

通説の立場からの太宰府研究家である田村円澄氏編の、『古代を考える　太宰府』にそれは次のように明快に示されています。「往時の太宰府政庁は朝堂式の威容を誇っていた。南門跡から北方を見渡すと、『都督府古跡』の文字を刻んだ石碑も、また傍らの人影も小さい。」（同書、四頁、吉川弘文館、一九八七年、第一刷。傍線は引用者）。しかも太宰府政庁跡を中心とした地域こそが、「都督府」遺蹟

石碑　都督府古跡（大宰府政庁跡）

であることは昔から知られ、太宰府付近の例えばJR鹿児島本線の駅名が〝都府楼南〟、西鉄天神大牟田線が〝都府楼前〟として今日も厳然としてあるのです。しかし、にもかかわらず「都督府・都府楼とはなにか」ということは、一切、通説の日本古代史学では田村円澄氏をふくめて明らかにされていません。驚くべき態度です。目の前に五世紀の「倭の五王」の都督府を示す石碑（事実）があっても、知識としてそれを語っても〝学問〟日本史は、その日本史的意味には知らん顔です。ここに歴史の事実よりも政治的「資産価値」を上においている、戦前・戦後の日本国憲法第一条規定と、その「日本古代史学」的役割が鮮やかです。

「都府楼」の地名の由縁に関しては、貝原益軒が先述の『筑前国続風土記』で、「都督府の楼なれば、都府楼といへる也。」と述べ、さらには菅原道真が「不出門」という詩で、「都府楼は纔《わずか》に瓦の色を看る」とうたっているわけです。しかし、これがもつ日本史上の意味・意義にふさわしいあつかいは受けていません。

本来は、「倭の五王」を「ヤマト朝廷」という通説の主張が正しいためには、近畿大和地方に約一〇〇年間におよぶ、新羅・百済の都城・首都を凌駕して、当時の中国南朝の首都、一〇〇万都市・

建康（南京）に次ぐ大都城・巨大都市の、「使持節都督倭・百済・新羅・任那・秦韓・慕韓六国諸軍事、安東大将軍、倭国王」府と、その遺蹟が発見されなければならないのです。

しかし、そもそも『古事記』『日本書紀』の仁徳〜雄略記・紀に、「倭の五王」に該当する南朝交流の記事など一語もなく、「呉国、貢奉る」という、白昼にお化けがでたような記事が羅列され、五世紀に一〇〇万都市といわれる建康（南京）に次ぐ大都市の「倭国の都督府」の記述はおろか、この時代の「天皇」には首都・都城がなく、「天皇」個々人ごとの所在地も規模も不明か推定の個人的「宮」しかないと記されているのです。

戦前・戦後の日本古代史学は、これらを一切棚上げして「都督府」の日本史的意義の言及も、その探究もまったくなく、あきれたことに近畿地方の大古墳「ピラミッドに匹敵論」が麗々しく大騒ぎされているのです。これは明らかな誤魔化しでしかありません。つまりは「近畿の大古墳は、ピラミッドに匹敵・ヤマト朝廷造営論」は問題のすり替えなのです。なぜこんな誤魔化しすり替えが、日本を代表する著名な大学の日本古代史学部関係で白昼堂々と行なわれているのか、です。ここに憲法第一条規定が登場するのです。

石上神社所蔵の「七支刀銘文」問題にみるすりかえ

通説の「日本古代国家形成論」を見ますと、〝三〜五世紀のヤマト国家の権力の性格〟なる問題が色々いわれ、イ「豪族連合政権」、ロ「三〜四世紀ごろは専制国家の萌芽形態がみられ、五世紀には『族制的専制体制』が確立した専制国家段階」とかの、ものものしい「学術的論議」がありながらも、肝心要の首都論・「都督府」論はいっさいないのです。

問題は、このものものしい学術論争が立っている、日本史認識の基盤はどんなものか、なのです。これらを見ますと高等学術単語や熟語が乱舞して、「さすがに第一級の学者は偉いなー」と思わせる「論文」が、ギッシリと並ぶのですが実際のところ、『古事記』『日本書紀』からは、三世紀であれ五世紀であれ、その国家組織の実際など、都城・首都がないと記しているのですから、分かるはずがないのです。わからないから議論百出なのですが、問題はその議論の立論と展開のすり替え的性格です。

ここに引用する上田正昭氏の議論は古いのですが、通説の「四～五世紀のヤマト国家の性格論」は、これと今と本質的になんの変化もありません。問題は、三～五世紀ごろの「日本古代国家の姿、その権力の性格」を云々しても、そもそも当時、都城一つないという「ヤマト朝廷」に関する『日本書紀』等の記事が、日本史考察の資料たりうるか否かが先の問題なのです。

その結果、現に、「こうした日本側史料（『記・紀』をいう）の限界なり貧困なりを補足するためにどうすればよいか。」という自問となり、その自答は厳めしい学術単語・熟語の羅列ですが、その結論は案外平凡で、「考古学が明らかにした成果や、当該時期に接近する金石文、あるいは隣接諸外国側よりみた倭国関係資料を顧慮する必要が起こってくる。」（上田正昭氏著、「大和国家の構造」、岩波講座・『日本歴史2』、一〇頁、一九六七年）といわれて、その補強論が次のように展開されています。

「そこでまずうかんでくるのが、有名な石上神宮所蔵の七支刀銘文である。……それが偽作と断定しえないことは百済側関係史料によって裏づけられている。そのもっとも肝心なところは泰和四年すなわち三六九年に、百済（滋）王（肖古王）と世子（貴須王）が、倭王のために作刀せしめたものであると記すところである。」（同書、一一頁）として、「三世紀の中葉における倭国の状態を記した『魏志』倭人伝に記載する邪馬台国の女王卑弥呼の、諸国家に対する統属関係よりも、（四世紀には）いっそう発展した政治形態が、県制（『日本書紀』の記事への解釈）に検証されることはたしかなところである。」、という議論を展開して、「古代ヤマト国家専制体制論」を主張するのです。

しかし、この通説・日本古代史学の学問とその論理展開は、いつものことながらすり替えが中心を占めているのです。引用したとおり上田氏は「邪馬台国・近畿説」、卑弥呼・ヤマト朝廷の始祖論にたつ方であって、先ず、これは『魏志』倭人伝の無視ですが、さらには「七支刀銘文の『倭王』」が、「ヤマト朝廷」ではなく太宰府に首都をおく、卑弥呼の王朝の「倭国の王・旨」を指したものだ、ということです。この問題に関しては、古田武彦氏著『失われた九州王朝』にも詳しいのですが、問題は、この「七支刀」の銘文が、この刀の送り先を「倭王・旨」としている点です。

この「倭王・旨」という名、すなわち王名（天皇名）が一字名は日本側の史書にはありません。この「旨」は、例の「讃・珍・斉・興・武」系列の名であり倭国の王名です。〝日本史〟ではまったく取りあげられていませんが、日本本土とは独立に国家・王朝を発展させた古代琉球の支配層には、琉球名の他に「唐名」を称する習慣があったことが指摘されていますが、「倭国」は約三〇〇〇年も前から古代中国・周に通じて（拙著、『墓より都』参照）、日本の古代文化のそもそもを形成した社会ですから、王が一字名を名のっても不思議はありません。これを『日本書紀』等の「天皇名」にこじつけようとするのは、真の日本古代史学に反する態度です。

戦後の通説は、「倭」を「ヤマト朝廷にすり替える作業」を、学問的課題としていますが、その際

『宋書』等の「都督府」はもちろん、「倭王・旨」をもすり替え的考察で、ごまかすなどの反学問的態度が学者のあいだで一致してとられています。しかし、都城・首都論はこうした通説のすり替えこじつけ論に、断をくだすものです。

戦後の通説の「倭の五王・ヤマト朝廷論」の無根拠ぶり

そもそも「倭の五王・ヤマト朝廷論」は、松下見林の戦後の受け売りにすぎません。さきに指摘したとおり『古事記』『日本書紀』に「倭の五王」のことなど一語もなく、「皇国史観」でさえもが「倭の五王・大和朝廷論」を、〝真っ向から批判していた説〟です。これに対して戦後史学が「倭の五王・ヤマト朝廷論」でよってたつ論拠は、松下見林の『異称日本伝』の次の一節のみです。

見林は、『宋書』倭国伝の「五王」の中国風の一字名、讃、珍、済、興、武について、これを履中、反正、允恭、安興、雄略の五天皇に当てていることは周知のことです。それは、「今按、永初元嘉当本朝允恭天皇之時。大明昇明当雄略天皇之時。讃、略履中天皇諱、去來穂別訓。珍、反正天皇諱、瑞歯別、瑞珍字形似、故訛曰珍。済、允恭天皇諱、雄朝津間稚子、津濟字形似、故訛稱之。……興、安康天皇諱、穴穂訛書興。武、雄略天皇諱、大泊瀬幼武略之也。」（今、考えるに――中国の――永初元嘉年間は、本朝の允恭天皇の時にあたり、大明昇明は雄略天皇の時である。讃は履中天皇の諱《いみな》去來穂別《いざほわけ》の訓を略す、珍は反正天皇の諱、瑞歯別《みずはわけ》、瑞、珍の字形に似る。故に訛りて珍と曰う。済は允恭天皇の諱、雄朝津間稚子《をあさつまのわくご》、津、字形濟に似る。故に訛りて之を稱す。興は安康天皇の諱、穴穂を訛りて興と書く。武は雄略天皇の諱、大泊瀬幼武《おはつせのわかたけ》、之を略す也（武一字を取り出したの意）」という主張がすべてです。

しかしこれは、おおよそ「学問的」比較というようなものではなく、こじつけにさえなっていないでしょう。そもそも「倭の五王」の「一字名」は、中国側が「天皇の諱」のうちから、勝手に一部の音を取り出し一字を当てたものであり、しかもその際に、珍は瑞を間違えて当てたとか、濟と津を取り違えた等々という「研究」の、どこにそれを立証する根拠がしめされているのでしょうか。

見林の「ヤマト朝廷一元史観」にたったたんなる独断でしょう。これに関しては古田武彦氏は『失われた九州王朝』で、『宋書』全体を検証されれて、外国人の名はたとえ何字であろうとも、キチンと記録している事実を示されています。これは当り前のことであって、外国人の名の多くの音をたとえ一字でのみ表したとしても、それでは後代の中国人にその外国人の本来の名を伝えられない。これでは史書、すなわち歴史の記録にはならない、こんなことはあまりにも当り前のことでしょう。

しかし、「ヤマト朝廷一元史観」に固執すれば、人の名は基本的にそのまま記録するという、人類の普遍的な習性を認めることはできません。なぜならば『記・紀』には、まさに先に引用した本居宣長の指摘通り、「讃・珍・斎・興・武などという名はない」ばかりか、そもそも「倭の五王」に該当する「都督府」等の記事そのものがないからです。したがって『記・紀』にたって日本史を考える限り、「倭の五王」は「ヤマト朝廷に非ず」というのが「正論」となります。

しかし「皇国史観」の崩壊をうけて、しかも、戦後憲法第一条の「象徴天皇制」擁護のためには、なりふりかまってはいられないのです。「倭国」は北九州に首都をおく、大和朝廷とは別の王朝という事実を認めれば、その瞬間に、「万世一系・象徴天皇」等の〝日本国の憲法第一条〟は空文化するのです。ここに戦後の「倭の五王・ヤマト朝廷論」等の真の性格があるのです。

「皇国史観」時代は、『古事記』『日本書紀』絶対主義ですから、中国正史類が何をかこうと無視したのですが、戦後、「皇国史観が破綻した」結果、「天皇は神」的『記・紀』絶対主義は不可能になり、「象徴天皇制」護持のためには「卑弥呼・倭の五王＝ヤマト朝廷論」を、構築し合理化する以外に道はないわけです。ここに戦後日本古代史学の諸先生の「腕のみせどころ」があるわけです。

中国南朝・新羅・百済および「倭国」の都城とその規模

さて「倭の五王」問題を首都・都城の所在地と規模から比較しますと、「倭の五王・ヤマト朝廷論」の無内容さと、にもかかわらずそれに固執する通説・「日本古代史学」のいびつな姿がよくわかると思います。

1　南朝の首都・建康（南京）

「建康は、いまの江蘇省の西南部、揚子江南岸の南京である。……二二九年に孫権が呉国の都にしてから大発展をして、江南の政治文化の中心となった。呉では建業といわれたが、三一八年東晋の都となり、宋、斉、梁、陳の都としてひきつがれた時代には、建康とよばれた。……梁の時代には、建康城内で二八万戸、官吏や兵士を除いた人口も一〇〇万を優に突破した大都会」（塚本善隆氏責任編集、『世界の歴史4』、二三二頁、中公文庫、一九八五年、一四版）とあります。すなわち都城「建康城」は一〇〇万都市であったわけです。

2 新羅

『三国史記』によれば建国以来、新羅滅亡の九三五年、敬順王まで約一〇〇〇年間、一貫して慶州を都城としている。うち四七八年までを慶州・金城、四八八年、照知麻立干は慶州・月城に王宮を移転した」(金富軾著、『完訳　三国史記』、金思燁訳、八七九頁、明石書店、一九九七年)。

「慶州の王京についたは、京都に坊里の名を定める(四六九年)というように王京内に方格地割による都市計画を行ない、市(いち)を設ける(四九〇年)など、都市の拡充と整備を進め、六世紀中ごろには三国(朝鮮半島内の三国、引用者)のなかで最も中国の都城に近い都市を完成させ、盛時には京中に一七万戸があったという……。」(中尾芳浩、佐藤興治、小笠原好彦氏編纂、『古代日本と朝鮮の都城』、二五八頁、ミネルヴァ書房、二〇〇七年、第一刷)とあります。なお、「条里、坊里」の規模については、「東西四・三キロ、南北三・九キロ(同書、二五九頁)とされています。

3 百済

「百済は建国(前一八年)以来、『慰礼城』『漢城』、『熊津』と遷都、四泚が最後の首都であるが、この地の羅城の基底幅は二〇メートル、この羅城に囲まれた区域内には、貴族、その他の居住地域を、上・前・中・下・後の五部に分けていたとあり、今日、条坊復原が進められ南北大路（幅八・九メートル）、直交する東西小路（幅三・九メートル）とで区画された、南北一一三・一メートル、東西九九・五メートルのやや東西に長い方格地割と、官北里一体にやや大きい区画を想定している。」（前掲書二五五頁）』とあります。

4 「ヤマト朝廷」

都城・首都なし、「天皇の個人一代限りの宮」、在所・規模共に不明が多数

5 「倭国」太宰府

諸施設の規模

(1)大水城一カ所

全長　　約一、二キロ　　外堀・全長　約一・二キロ

土塁の高さ　　約一三メートル　外堀・幅　約六〇メートル

土塁の基底部幅　約八〇メートル　外堀・深さ　約四メートル

（土塁部分、田村円澄氏編、『古代をかんがえる　太宰府』、四八頁、「外堀」、一三三頁。）

(2)　造営労力

土量　三八万四〇〇〇立方メートル、一〇トン積みダンプカー

　　　六万四〇〇〇台

作業人員数　延べ約一一〇万人以上。(沢村仁・元九州芸術工科大学教授の試算。内倉武久氏著、『太宰府は日本の首都だった』、一九〇頁、ミネルヴァ書房、二〇〇〇年、第一刷)。以上は大水城のみであって、この他にも幾つかの水城の存在が指摘されています。

(3)　大野城と基肄城

太宰府は北に大野城が、南に基肄城が太宰府をはさむように建てられています。

「大野城は、約六・五キロの土塁をめぐらし、河谷の水流部は石畳をつくり、両端は石垣となっている。北側の百間石垣がある宇美口、および南辺の太宰府口、坂本口、水城　口の四箇所に、城門の遺跡がある。また城内の八箇所から七〇棟の遺構が確認された。」(田村円澄氏著、『大宰府探求』、四五頁。吉川弘文館、一九九〇年、第一刷)。「典型的な山城である。」。基肄城につい

ても「約三・八キロの土塁をもち、石塁・石垣が各所に残存している。城門跡として確認できるのは二箇所である。城内の建物は約四〇棟あったと推定される。」(同書、同頁)とされています。

(4) 東西二・四キロ、南北二・二キロの日本初の条坊都市

太宰府は『条坊都市』といわれています。「郭内は一町(約一〇〇メートル)を単位として、正方形の碁盤目状に街路が走り、左郭、右郭それぞれ一二坊、南北二二条となる。中央北端には方四町の府庁(太宰府政庁)がおかれ、その東に方二町の学校院、さらにその東に観世音寺が方三町の寺域を占めている。」(『古代を考える「大宰府」』、一一〇頁)。

6 太宰府「都督府」の造営年代

「都督府」の名が示すとおり五世紀であることは、いわば「当り前」のことです。通説は、この「都督府」を六六三年の唐・新羅連合軍に敗北した直後に、「天智天皇」の指示で造営したというのです。しかし、第一に五世紀の東アジアの国際関係の現れである「都督府古跡」を無視して、「天智天皇」を持ち出すことは時代錯誤で、〝歴史学〟の名がなくのではないでしょうか。第二に、白村江の決戦の大敗直後、

唐・新羅連合軍の日本本土来襲の危機のなかで、動揺する北九州の一角で七世紀のなかごろに、右の巨大事業が可能かを問えば、答はあまりにもあきらかでしょう。これを当時の社会の生産力から考えても不可能であることは、例えば「大水城」の造営一カ所をあげても、多く云々の必要もないでしょう。

「いま遺構を残す水城・大野城・基肄城の造営について、竣功までに相当な期間を要した、とする仮説を想定する必要があるのでないか。」(『大宰府探求』、四六頁。傍線は引用者)と田村円澄氏は指摘されています。さらには、「『日本書紀』は水城や大野城・基肄城の築造については記述するが、中枢となるべき施設ないし建物などについては、一言もふれていない。外郭防衛の造営が先行し、中枢部の造営がおくれたことも考えられるが、しかし防衛されるべき中枢部について、文献資料から解明する手だてはない。それだけではない。水城や大野城・基肄城などによって、厳重に防衛されることになるはずの中枢部の名称、いや外郭防衛の諸施設を含む全機構の官衙名についても、『日本書紀』は無言である。これだけの規模の造営工事を実施しながらも、中枢部の機能や、施設全体の官衙名を明記しなかったのは、異例というほかはない。」(『古代を考える「大宰府」』、五頁。傍線は引用者)とも指摘されています。その限りでは正当な指摘とおもいます。

なお、太宰府条坊都市の規模に関しては、真の科学的日本史観が確立された後に、あらためて調査・発掘が求められると思います。日本では「ヤマト朝廷一元史観、キンキ大和中心主義」の結果、それ以外の貴重な遺蹟が開発等で失われる危険が深刻に危惧されます。「ヤマト朝廷一元史観」という固定観念は、日本民族の真実の歴史をも抹殺する、おそるべきものと思います。

なお大水城や「太宰府政庁舎跡」(都督府)に関しては、九州大学理学部等による放射性炭素14

C年代測定が行なわれており、いずれも四三〇年が最古の測定値とあります。

「大水城」の測定値——西暦四三〇＋－三〇年。(「九州大学理学部・放射性同位元素総合実験室(当時)」、『一九七四年、年代測定結果集』、測定者、坂田武彦氏。『太宰府は日本の首都だった』、一九二頁、第一刷。

「太宰府政庁跡」——西暦四三五〜六一〇年「焼け落ちたⅡ期の瓦を破棄した土壌の焼土」(『太宰府政庁跡』、九州歴史資料館、「太宰府政庁正殿跡における放射正炭素年代測定値、三五三頁、二〇〇二年)

以上からは、『日本書紀』の五世紀の記載が日本史の事実を根本的に歪曲・隠滅したものと言えます。しかも、菅原道真問題を利用して平然と「都督府」を消去し、太宰府を「ヤマト朝廷」の一機関であるかにあつかう態度は、日本史を私するのとひとしい態度です。重大な点は、にもかかわらず近代日本の歴史学はいうに及ばず、六九四年の藤原京以前に都城・首都がない大和朝廷の正史に、今日、その実在を否定し得ない「都督府」関連記載もまったくないにも関わらず、それを不審とせず、この「都督府古跡」を完全に無視して「倭の五王・ヤマト朝廷論」をいうに及んでは、「学問」の名でただ憲法第一条の正当化をはかることだけを、眼目としたものと思います。

こうして「日本」は自分の民族の歴史一つ自由に語れない社会であって、グルーが「万世一系論の資産価値」を強調したのも故あることという他はないでしょう。ここを無視して現代日本社会を「自由・民主」の社会などというのは。自己欺瞞という他はないでしょう。今日、日本軍国主義的傾向が露骨に蘇るのは、戦後憲法第一条と、それを不問にしてきた戦後の対米従属的な日本古代史学をはじめ、日本社会の学術・文化にも根深い問題があると思います。

二　『日本書紀』推古紀と『隋書』俀国伝の不一致

通説・日本古代史は、『日本書紀』推古紀の小野妹子の隋派遣記事を口実に、『隋書』俀国伝を「倭国伝」と原文改竄をして、かつ国号が「俀国」とされている事実も、その意味もいっさい国民に説明せず、この「俀国伝」を『推古紀』の隋使来日記事と、戦前から称しています。また『日本書紀』に一語もない例の国書を、聖徳太子の起草などとして、戦前から広く国民に宣伝してきました。しかし『隋書』俀国伝と「推古紀」の隋使来日記事には、深刻な食い違いがいくつもあることは、まったくふれないというのも、戦前からの特質です。

首都の所在地

第一にその都城・首都に関して、「俀国は百済・新羅の東南にあり、水陸三千里、大海の中において、山島に依って居る。」とあって、客観的には「太宰府・都督府」を示しています。すなわち俀国は、「卑弥呼・倭の五王」の後継王朝であって、現に『隋書』俀国伝には、「魏より斉・梁に至り、世々中国と相通ず」と書いています。したがって水戸史学が一方で「隋より以前、秦漢の裔（末）、帰化の者有りといえども、未だ使者の、有通するを聞かず。」とし、他方で、『隋書』俀国伝を「ヤマト朝廷」と主張するのは、明白な矛盾です。これは「卑弥呼・倭の五王、ヤマト朝廷論」に反対している国学も同様です。

すでに津田史学を開祖と仰ぐ、戦後日本古代史学の「皇国史観批判」の真意については指摘しました。この戦後史学は「皇国史観批判」のふれこみにもかかわらず、『隋書』俀国伝と『日本書紀』推古紀の隋関係記事を意図的に混同する点では、その非合理主義もろとも「皇国史観」史学を継承しています。しかし、理性にたてば『隋書』の俀国は、「卑弥呼・倭の五王」の後継王朝です。「ヤマト朝廷」とは別の国家です。これを以下にさらに検証したいと思います。

俀国と「邪馬一国・邪馬台国」および国号「日本」の由来

そもそも「俀国」という国号は何かということです。古田武彦氏は、「大倭国」（タイイ国）と隋時代の「倭国」が自称したのに、隋が「大倭」（大日本というような自称）と似た音ながらも、「弱い」を意味する「俀」（タイ）を意図的に当てたものとされています。正当な指摘と思います。

ただし私は、この国号問題と例の「日出ずる処の天子……」云々の国書とが、相互に関連した意味があると考えています。それはそもそもは、「倭国」は卑弥呼の都城のある国を「邪馬一国」と呼んでいたことは、『魏志』倭人伝の「邪馬壹（一）国」記載に明らかです。ところがこれに対して五世紀以降の中国側が、「一（壹）」（一番の意味がある）にたいして、最低・ビリを意味する「臺」を政治的意図をもって、あてたと考えられる、そうした問題があるからです。これに「倭国」が反発して「大倭国」と自称し、かつその首都・太宰府を「日出ずる処」、すなわち「日の本」（日本）と自称したという経緯があると考えるのです。その根拠についてのべます。

まず「臺」（台）には最低の身分をさす意味があります。「天に（甲より癸までの）十日あるごとく、人にも十級ございます。……十級とは、王の下には公（元、中小の都市国家の君主）、公の下には大夫、大夫の下には士、士の下には皁《そう》、皁の下には輿《よ》、輿の下には隷、隷の下は僚、僚の下は僕。僕の下には臺。」（小倉芳彦氏訳、『春秋左氏伝・下』、九七頁、「昭公七年（紀元前五三五年）」、岩波文庫、二〇〇七年、第一三版。傍線は引用者）です。『春秋』と『左氏伝』『公羊伝』『穀梁伝』は古代中国のほまれたかい古典の一つです。史官である范曄や『隋書』の編者の魏徴はいうまでもなく、古代中国の知識層が『春秋』等に通じていたことは、言うまでもないでしょう。

この「邪馬台国」の由来に関して、『後漢書』倭伝の「原文」（写真版、石原道博氏編訳、『魏志倭人伝・後漢書倭伝・宋書倭国伝・隋書倭国伝』、一一八頁、岩波文庫、一九九一年、第五四版）に分注があるのです。

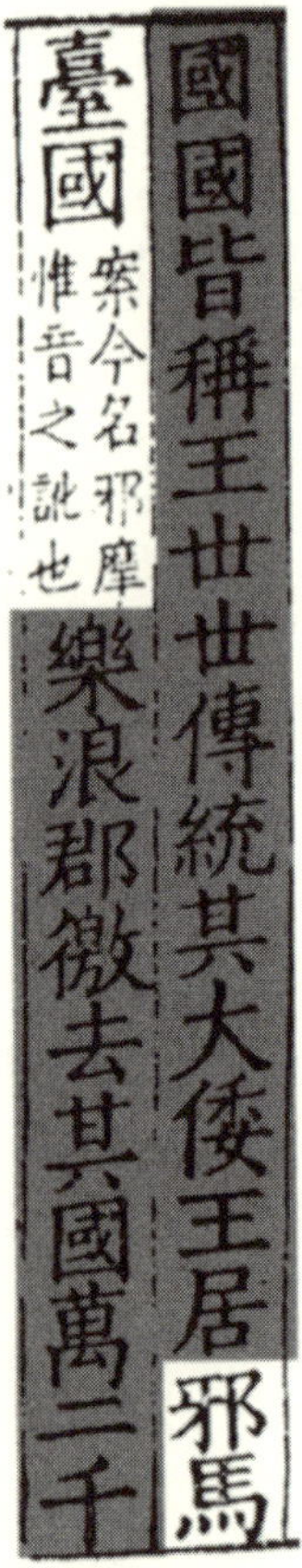
國國皆稱王世世傳統其大倭王居邪馬臺國 案今名邪摩惟音之訛也 樂浪郡徼去其國萬二千

（『後漢書』倭伝、范曄の注釈）

それは『後漢書』倭伝の「国々、皆王を称し、世々統を伝う。その大倭王は、邪馬台国に居る。」と読み下される部分にすぐ続いて、原文には「案今名邪摩惟音之訛也」と分注されているのです。しかし不思議なことにこれに関して、石原氏を含めて学者諸氏は解説されていません。ただ沈黙あるのみです。

いったいこの「案今名邪摩惟音之訛也」とはどういう意味・内容なのでしょうか。先ず、これをどう読むかです。私には「案ずるに今の名（邪馬台国）は、邪摩惟の音の訛《なま》れるなり。」、あるいは「訛《あやま》れるなり。」と読めます。ここで問題は「惟」です。「惟」には「おもう」の他には助字として「ただ……のみ」という用法があり、その他には「これ」という意味がありますが、先の注の「惟」は音をあらわす文字と、考えるより他はないのではないでしょうか。つまり「邪摩惟」は「ヤマイ」です。

「ヤマイ」とは石原道博氏によれば先の著書の「注（3）」では、「邪馬壹（一）」の音（同書、四二頁）とされています。つまり『後漢書』倭伝の分注の意味は、「邪馬台国」とは「邪馬一国」の音が訛ったものだ、という意味とおもわれるのです。すなわち五世紀の范曄（三九八～四四五。「倭の五王」が交通していた南朝劉宋の史官）が、『後漢書』を撰録した時代には、『魏志』倭人伝の「邪馬一国」は「邪馬台国」と呼ばれていたと注をして、その由来を説明しているのです。それは「邪馬一国」、すなわち三世紀に「倭人社会で第一位の国」の意が、五世紀には中国で「邪馬台国」、つまりは「一番ビリの国」と言われていたということと思います。これはアメリカ人が日本人と日本を、ジャップというのと似たようなものでしょう。

ただし三世紀の北九州の古代人が、この「邪馬壹（一）」を今日風に「ヤマイチ」と発音していたとは思えません。古代倭人・日本人の数えかたは「ヒ・フ・ミ……」か、または「一つ・二つ・三つ……」です。『古事記』の「国生みの記」には、例えば「天比登都柱」（アメノヒトツハシラ＝壱岐）があります。したがって「ヤマヒトツの国」というのが、本来の呼び名ではないかとおもいます。これを卑弥呼側が魏朝に上表した時に、「ヒトツ」に「壹」の漢字をあてたというのが、本来の姿ではないかという推測もできるとおもいます。

問題は、なぜ「邪馬一国」を「邪馬台国」に故意にかえる蔑称が生じたのか、これが本来の日本史学が解明すべき課題だったのではないか、ということです。これは推測ですがその一つの要因は、三世紀～五世紀には、中国自身が「三国」や南北朝等に分裂している時代、中国人自身がお互いに相手国を「おとしめる」態度である時代です。これは日本人自身でも日本文化は近畿中心と称されて、真の日本古代文明の創設者の九州方面を「熊襲」、また日本中世を創設した関東を、「えびす」というようなものでしょう。

二つは三世紀と五世紀、「倭国」と中国側の関係に若干の変化がみられることです。それが朝鮮半島への支配・介入権をめぐる「倭国」と中国南朝側との対立です。「倭王珍」は讃の死を受けて中国に使者派遣して、「使持節都督倭・百済・新羅・任那・秦韓・慕韓六国諸軍事、安東大将軍、倭国王」を自称して認めるように要望して、南朝側は「安東大将軍」を「安東将軍」に格下げしています。ちなみにこれをその後の姿でも検証してみると「倭の五王」の最後の「武」も、また「使持節都督倭・百済・新羅・任那・加羅・秦韓・慕韓七国諸軍事、安東大将軍、倭国王」と称して、四七八年（昇明二）に使者派遣をし、南朝は「百済」を削って「六国諸軍事、安東大将軍、倭王」に任じています。

これは先に、百済を「四一六年には使持節都督百済諸軍事鎮東将軍百済王に封じられた」、と井上光貞氏の指摘を引用しましたが、こうした中国南朝の外交方針を無視した「倭国」の態度に、中国側が不快の念をもった可能性も考えられます。すなわち「倭国王」たちは必ずしも南朝に従順ではなく、朝鮮半島の支配圏を南朝の思惑をこえて、南朝側からいえば越権的にふる舞おうとしているわけです。問題は今日、『晋書』『宋書』『南斉書』『梁書』には、「倭の五王」の交流年月日等は記され、これは日本古代史探究で貴重な記録ですが、しかしこれらの記録は、例えば「珍」の「安東大将軍、倭国王」職の要望に、「安東将軍」とした理由、およびそれをめぐる「倭国」の使者とのやりとり、また「倭王武」の「七国諸軍事、安東大将軍」職を、「六国諸軍事……」に格下げした理由等と、それをめぐる「倭国」側とのやりとりは、「倭国」文献が後述するように後の大和朝廷によって、抹殺されていて伝えられていないわけです。

ここには本来、生々しい外交交渉とその舞台裏も当然あったはずです。こうした事情もあって南朝内部やその知識人等の間で、「倭の五王」の首都である「邪馬壹（一）国」を、「一などと言っているが臺に代えた方が似つかわしい名じゃないか」というような気分から、「邪馬臺」と称していたのではないかと推測するのです。「邪馬台国・蔑称説」です。

次にこうした仮説がなりたつのかの検証です。その検討の対象が『隋書』俀国伝の冒頭記事につづく、以下の「都於邪靡堆、則魏志所謂邪馬臺者也」（邪靡堆に都す。すなわ魏志のいわゆる邪馬臺なるもの也）です。この「邪靡堆」の靡は「摩の誤字でヤマトの意」（石原道博氏、『魏志倭人伝・後漢書倭伝・宋書倭国伝・隋書倭国伝』、六五頁）とあります。しかし、それよりも「堆」は「惟」の誤写とおもわれます。すなわち「邪馬一《やまい》」です。この『隋書』は唐の魏徴（五八〇～六四三）の撰です。さてこの文章の問題は次の点です。「俀国」の首都が「邪靡堆」ならば、「邪靡堆に都す。」で意は十分につうじると思われます。にもかかわらずこれをさらに補足する形で、「すなわ魏志のいわゆる邪馬臺なるもの也」としているのは奇妙だ、という点です。「すなわち……いわゆる」とはどういう意味でしょうか。「すなわち魏志」とは、「倭人伝」を指していることは言うまでもありませんが、この史書には「倭国」の首都名が「邪馬一国」と記されていることは、史官である魏徴は知っていたでしょう。また『後漢書』倭伝のさきの「案今名邪摩惟音之訛也」の分注も、承知していたでしょう。このことは史官のみならず、当時の中国の知識人も知っていたでしょう。

つまり「邪靡堆」が俀国の首都名であれば「邪靡堆に都す。」で、十二分に理解されるはずなのに、さらに「すなわち魏志のいわゆる邪馬台なるもの也」と書くのは何故かです。これは「俀国の首都は邪靡堆、昔の『魏志』以来、倭人は邪馬一国というが、中国では一般に邪馬台と呼ばれているところだ。」という意味と思います。なんのためにこんなことを付けくわえているかを問えば、魏徴は是非とも「いわゆる邪馬台国」、すなわち（最低のビリ国家）を強調したかったからだと思います。

それは自国を「日出ずる国」、隋を「日没する国」と、大倭国王の多利思北孤《たりしほこ》が、その国書で堂々と述べているからです。この国書を読んだ隋の煬帝は激昂して、「夷蛮の書、無礼なる者あり。復《ま》た以て聞するなかれ」と言ったと記されています。「野蛮人め、礼をかきおって、こんなものは一々取り次ぐには及ばんぞ。」とでもいうものでしょう。

この気分は煬帝ひとりだけではなく隋朝も同様であるばかりか、唐朝もまたこの点では隋朝の気分を理解する立場でしょう。しかし「倭国」から言えば、自分の首都名を「邪馬台国」（ビリ国家）などと称する中国に対して、毅然たる態度をとるのは当り前であって、隋を「日が沈む国」、自分の首都を「日出ずる国」（日の本・日本）としたのは、当然のことと思います。

だからこそ『隋書』の撰者の魏徴は、これへの反撃として「即ち魏志のいわゆる邪馬台国なる者なり。」、としているとおもいます。つまりは〝無礼にもわが中国を「日が沈む国」などと書いているが、その首都は「邪馬一国」と魏志にあるが、わが国では邪馬台国（最低のビリの国）と呼ばれているところだ〟と、いわばタリシホコの国書に反撃しているのです。

したがって松下見林のように「邪馬壹の壹はまさに臺に作るべし。」などと、「邪馬台」は近畿大和の音を写したものとし、わが国の通説の学者がそれにならい「邪馬一国」記載を無視する態度は、〝民族の誇りも、歴史学の名〟も泣くような誤りとおもいます。また通説の「邪馬台国は、ヤマトの音を表記したもの」という主張は、煬帝や隋・唐朝からは皮肉な笑いをもって迎えられると思われます。

「国号・日本」に関しては、『旧唐書』問題でとりあげますので、そこにゆずりますが今日の通説は、五世紀以降の中国人が「邪馬台国」などと「倭国」を貶めたことに、反撃して自国を「日出ずる国」・日本とした「倭国」の姿とその立場を、『日本書紀』等に追従して踏みにじり、「邪馬台国」名を有り難がるのですが、これははたして真の日本民族の歴史学にふさわしいか、問われるところと思います。またその意味でも「日出ずる処の天子、書を日没する処の天子に致す……」という国書が、『日本書紀』に一字もないことの意味は、非常に大きなものであることをも指摘しておきたいと思います。

この他に中国史料に「邪馬台国」記載が登場するのは、五世紀以降成立の史料であって、これによって『魏志』倭人伝の「邪馬一国」記載を無視・否定する態度は、日本民族の歴史の探究者としては、失格であることをも指摘しておきたいと思います。以上ですが『隋書』の「俀国」（大俀国）名は、こうした重大な日本史の真実を反映した国号とおもいます。

男帝と女帝　その絶対的矛盾

『隋書』俀国伝の王・多利思北孤《たりしほこ》は男帝であり、「推古」は女帝です。しかも『隋書』俀国伝には、「その王、清（隋使・裴清。『日本書紀』は裴世清と記す）と相見《あいまみ》え、大いに悦んで曰く……」と記されています。すなわち隋使の裴清は、〝俀王と面談した〟と当然ながら述べているのです。したがって「俀王のタリシホコ」が男性であったことは、隋使の裴清が男も女も識別できない低能児であることが、証明でもされない限り間違いはありません。さらには『俀国伝』では「開王二十年、俀王あり、姓は阿毎《あめ》、字《あざな》は多利思北孤、阿輩鶏弥《わがきみ》（?）と号す。……中略……。王の妻を鶏弥と号す。」ともあります。

ここでも、この「王」が「ヤマト朝廷」でないことは、二重三重に示されています。まず、「ヤマト朝廷」には「姓」がありません。例えば『宋史』日本伝には、奝然《ちょうねん》（東大寺の僧、九八三年に渡宋）の説明として、「国王は王を以て姓となし……」とあります。本来、「姓がない家」などはあり得ません。国家は氏族社会の部族的原始都市を基盤に、最初は「倭人、一〇〇余国」（『漢書』地理志）などとあるように、原始的部族集落を基礎に都市国家として誕生するのですから、必ず部族名を刻印されているはずです。それが〝ない〟と自称する以上は〝素性を知られたいくない〟、という意図がはたらいていると推測する以外にはありません。いずれにせよ「倭国王」には「アメ」という、多分、海人族の一部族名から発したと思われる姓があるのです。

またタリシホコは男帝であり「推古」は女帝であるという矛盾に関して、通説はいろいろと弁解的解釈論を述べています。例えば多利思北孤《たりしほこ》を多利思比孤、すなわち「北」を「比」に原文改竄して、あれこれの似た名の天皇（オキナガタラシヒヒロヌカ＝舒明天皇）を間違えて「タリシヒコ」と記したとか、さらには「姓はアメ、字は多利思北孤」を、「北」を「比」に改竄して、「実は一語の『アメタリシヒコ』であり、これは天皇の通称である。」（井上光貞氏著、『日本の歴史』、「3飛鳥の朝廷」、二二三頁、小学館、一九八七年、第八刷）という説をたて、「推古は女帝であるから、この称号と矛盾するという人もあるが、称号は通称であるからこれでよいのである。」といわれるなどです。

また宮崎市定氏はその著書・『隋の煬帝』（中央文庫、一九八七年）で、「隋の歴史によると、裴清世が日本へ到着した時、倭王と面会したとあるが、推古天皇は女性であったから、中国の使者に面会されるはずはなく、これはおそらく聖徳太子であったと思われる。」（同書、一四〇頁。傍線は引用者）とされています。なんと、「推古天皇は女性だったから、中国の男の使者に面会するはずはない」！というのです。

自分の方から小野妹子を隋に派遣して新たに国交を求めたと書いておきながら、それに応えて当時海を越えて日本にくることは命がけの旅ですが、その使者に国交を要請をした側の責任者が面会しない、こんなことは古代といえども国際的に非礼な態度で、あり得ないものではないかとおもいます。まして「相手が中国人の男だから、日本の女帝は面会しない」などということは、中国人蔑視そのものです。こんなことを一九八七年に書いて、だれによっても批判されない日本の姿は驚きです。

しかも『旧唐書』日本国伝によれば、当時世界の超大国の女帝・武則天が、一介の東夷たる遣唐使の粟田真人を、自ら麟徳殿で宴をはって歓迎したと記されています。したがって宮崎氏の「面会されるはずはない」云々は、氏の中国人蔑視にたった憶測に過ぎないというべきでしょう。こうして男帝と女帝という絶対的矛盾に関して、今日に至るも通説では合理的説明はありません。この他にも

『日本書紀』の記述そのものにも、奇々怪々というべき問題があります。『日本書紀』では裴清歓迎の場面では、「是の時に、皇子・諸王・諸臣、悉くに金の髻花《うず》を以て頭に着せり。亦衣服は皆錦・紫・繡《ぬいひも》・織《おりもの》、及び五色の綾羅《あやすはた》を用ゐる。」（『日本書紀・下』、一九二頁、傍線は引用者）とあります。読んで字のごとく「是の時に、皇子・諸王……悉く……」と記されています。にもかかわらず『日本書紀』には、推古天皇以下、聖徳太子はどうしていたのか、不思議なことに何も語られていません。つまり一方では「悉く……」と書き、他方では当然あるべき隋との国交発案・推進者の、裴清歓迎の場での具体的対応・言動が一語もないのです。

以上、『隋書』俀国伝と『日本書紀』の「男帝と女帝」という、絶対的食い違への通説の説明は強引な言い逃れ的な弁明の類という他はないのです。通説「日本古代史学」の問題点は、こうした事実も道理も無視した態度が、〝学説〟の骨格をなしているのは何故か、ということです。誤りをおかすのは常に〝中国側であり中国人〟なのです。

隋を「大唐」という間違い問題

しかも『推古紀』の〝隋との外交記事〟には、まだ他にも重大な問題があるのです。それは遣唐使が唐朝で大和朝廷の中国交流を、一方では「隋がはじめて」とし、他方では、その交流年代も王名をもみな間違ったことを述べたてているという、不可解な問題（『唐書』・日本伝）、さらには国家の名（王朝名）である唐と隋を間違えて、『日本書紀』に記しているという、おそらくこれ以外には全世界の諸国民・諸民族の史書に、類例をみない椿事が大和朝廷の正史の真っ只中にあるのです。それは『推古紀』で小野妹子を派遣した国を隋とすべきを「大唐」と書いているところです。

先ず遣唐使が大和朝廷の中国交流は、隋が初めてと述べている問題から見ていきます。これは八世紀に遣唐使が唐朝に述べたものです。しかもそれは水戸史学の『大日本史』等が、「隋より以前に使者を派遣した事実はない」という主張のみならず、卑弥呼や「倭の五王」記載は一語もなく、中国交流記事の最初が隋とされている『日本書紀』、つまりは大和朝廷の正史の記述とも完全に合致しています。その意は「卑弥呼・倭の五王」は大和朝廷ではない、ということです。したがって戦後の通説の「卑弥呼・ヤマト朝廷の始祖論」や「倭の五王・ヤマト朝廷論」は、日中の正史類をほしいままに無視した、世界でいう歴史学とは根本的にことなる、意図的な主張と態度に過ぎないということになります。

さて遣唐使が述べた「日本史」です。これは先の『唐書』日本伝に記される「日本史」の一節です。「次用明、亦曰、目多利思比孤。直隋開皇末。始與中国通。」(次に用明、また目多利思比孤という。隋の開皇の末に当たる。始めて中国と通ず。)です。

そもそも一国の大使が相手国政府の面前で、自国と相手国との外交史を間違いだらけの王名、年号でのべるものでしょうか。あり得ないこととおもいますが如何でしょうか。

間違いだらけというのは「推古」とすべきを「用明」といい、その『隋書』俀国伝に記載の王名・多利思北孤を、「目多利思比孤《もくたりしひこ》(?・)」などと称し、国交開始時期を「大業」とすべきを、『隋書』俀国伝の最初の中国交通の年の中国年号開皇(六〇〇年)を持ち出すなどです。これは明らかに『隋書』俀国を「ヤマト朝廷」といい繕っている、すなわち取り込もうとして、しかも失敗しているところ、つまり「俀国」＝ヤマト朝廷を繕いながらも、馬脚をあらわしたところです。

問題は、なぜ相手国政府の前でその国家と自国の外交問題を述べて、こうも無残な間違いを間違いともせず、堂々と述べ立てているのかです。答は、「ヤマト朝廷の歴史に隋朝と交流の事実はない」にもかかえわらず、〝「倭国」のとりこみをはかり、あたかも自分が交流したかに主張して、間違いを間違いと知らなかったから〟でしょう。それを示すものが隋を唐と間違えて、『日本書紀』に書いているところです。これが左記の記事です。

1 「(推古一五年) 大禮小野臣妹子を大唐《もろこし》に遣わす。」(『日本書紀・下』、一八九頁)。

2 「一六年の夏四月に、小野臣妹子、大唐より至る。」(同頁)。

3 「即ち大唐の使人・裴世清、妹子臣に従ひて、筑紫に至る。」(一九〇頁) 等です。

これに対して、『日本書紀・下』の上段の「注一九」(同書、一八九頁)では、「事実は隋」としています。非常に興味深い注ではないでしょうか。「事実は隋」という意味は、「大唐」は「事実でない」という意味でしょう。つまり「大唐」と書いているのは間違いだ、という意味でしょう。したがって二重の意味で興味深いのです。それは第一に『日本書紀』の編者等が、「事実でない国名」を記していることを確認したものという点です。そもそも『日本書紀』に即して言えば、この隋への使者派遣が「ヤマト朝廷」の中国交流の最初となっています。まさに先の「次用明……始與中国通。」とある通りです。

したがってこれは「ヤマト朝廷」にとって、歴史的で画期的な出来事であって、使者派遣をした相手国の国名を自己の正史に間違って書く、などということは断じてあり得ないはずだ、と言っても、誰からも非難されることはないとおもいます。これは個人に例えれば、初めて入社した会社の名を間違うとか、合格した大学の名を間違えるというにも似た、国家としては断じてあり得ない醜態でしょう。

第二の問題は歴史学者の課題は、あり得ないこの間違いを、大和朝廷がその正史・『日本書紀』でなぜおかしたのか、これを解明することではないでしょうか。したがって歴史上、最初の交流を開始した相手国の名を間違う、知らない、という奇怪至極の姿を指して、「事実は隋」としか言わない校注者等の姿も、また不可解そのものでしょう。

こう見てくると先に指摘したとおりに、大和朝廷とその遣唐使が唐朝で一方で、「始めて中国と通ず」としつつ、他方では「次に用明、亦、目多利思比孤という……隋の開皇の末に当たる……」などと、『隋書』俀国伝を間違いだらけで述べたてている姿が、あらためて思い出されると思います。また、『日本書紀』推古紀の裴清歓迎の場面で、いろいろの大臣の名があげられ、「ヤマト朝廷」の、「皇子、諸王、諸臣、悉く」が身をかざって出むかえたという記述はありながらも、裴清歓迎の場面にかんじんの聖徳太子や推古天皇の、裴清歓迎・答礼の言葉もその面談の記事もない、まことに不可解な記述もようやく、その真の姿と意味をあらわしてくると思うのです。なおこの裴清歓迎の場の人名等は、「倭国」史料からの盗作とおもわれます。

つまり大和朝廷にとって史上はじめての中国交流の相手王朝の名を間違え、『隋書』俀国伝を誤って引用する姿は、なにを意味するかです。ここまでいえば真相は明らかでしょう。大和朝廷は「ヤマト朝廷」時代、隋と交流した事実はない、という告白とその証明だということです。

つまりは小野妹子とは推古朝の使者ではない！　のです。ではどこの「国」の使者か。これは真実の日本古代史の探究にとって非常に大きな問題です。これは拙著『墓より都』(「本の泉社、二〇一一年)に述べましたので、ここでは割愛します。ただし六九四年の藤原京まで首都さえもない者が、〝王朝〟であるというような例は、「万世一系の皇統」同様に世界にないことでしょう。

三　七世紀半ば、日本の王朝交代　遣唐使が語る「日本史」

二つの王朝を併記する『旧唐書』東夷伝

『旧唐書』は五代晋の劉昫《りゅうく》(八八七〜九四六)らの奉勅撰の史書です。この『旧唐書』東夷伝の記録で驚かされるのは、第一に『倭国伝』には、七世紀半ばに卑弥呼の国家である「倭国」と唐との交流が記されて、この時代に「倭国」が存在していたことが記録れていることです。これ自身、驚くべきものです。したがってこの史料を無視した「日本史」などは、そもそも日本史の名に値しないものであるわけです。さらには古代中国史料にはじめて大和朝廷が「日本国」(日本国伝)として登場することです。すなわち日本本土の二国併記がおこなわれていること、および七世紀後半から八世紀初頭にかけて、日本に王朝交代があったという大事件が、遣唐使の証言で語られていることです。

本来、この記録を無視しては、日本古代史はあり得ないという性格の史料です。しかし、この史料は戦前・戦後をつうじて、〝日本古代史学〟では一切無視されています。例えば、『旧唐書倭国日本伝・宋史日本伝・元史日本伝』(岩波文庫、一九九〇年、第二三刷)の編訳者である石原道博氏は、同書の表題に本来は、『旧唐書」倭国伝、および日本国伝』と記すべきを、「旧唐書倭国日本伝」と原文を改竄し、さらには「解説」で、「倭国と日本国を併記するような不体裁……」と、『旧唐書』東夷伝の「二国併記」を評しています。ここに今日の「日本古代史」の真の姿と問題点が示されているのです。

しかも石原氏が「倭国」と「日本国」を「二国併記」をする、「不体裁もない」と評される『唐書』日本伝（新唐書。『旧唐書』の後の唐の正史）にも、「日本乃小国、為倭所并。故冒其号」（日本はすなわち小国、倭の所（国土）を并せる。故にその号（国号・日本）を冒す」と、「二国併記」と「王朝交代」および国号「日本」の由来が、明確に記されています。

『旧唐書』倭国伝について

その冒頭記事は「倭国は古の倭奴国なり。……新羅東南の大海の中にあり、山島に依って居る。……世々中国と通ず。その王、姓は阿毎氏なり。一大率を置きて諸国を検察し、皆これに畏怖す。官を設くる一二等あり。……貞観五年(六三二)、使を遣わして方物を献ず。太宗その道の遠きを矜《あわ》れみ、所司に勅して歳ごとに貢せしむるなし。また新州の刺使高表仁を遣わし、節を持して往いてこれを撫せしむ。表仁、綏遠（外交）の才なく、王子と礼を争い、朝命を宣《の》べずして還る。二十二年（六四八）に至り、また新羅に附して表を奉じて、その起居を通ず。」等々というものです。

この「倭国伝」は「倭国」側の唐朝への使者派遣と、唐の使者・高表仁の「倭国」訪問という、国家的人的往来にたっての記録で、その信憑性は非常に高いものです。特に「太宗その道の遠きを矜《あわ》れみ……云々」と、唐の二代皇帝の言動が記されている点が注目されます。その意味は「中国では、歴代の天子の言動は、史官が克明に記録して、起居注というものを作った。この起居注を基にして、その天子の没後、実録が書かれた。王朝がかわると、何代もの実録を基にして、先王朝の歴史（正史）が撰ばれるしくみであった。」（坂本太郎氏著、新装版『六国史』、三頁、吉川弘文館、一九九四年、第一版）からです。

しかも『史記』等によれば史官は皇帝の言動の記録に際して、事実を曲げないことがその決死の使命とも指摘されています。この問題は『日本書紀』等の本質を探究するところで、また考察しますが古代中国正史類の信憑性は、もちろん個々の正史類について検討されるべきものですが、しかし一般的にはその信憑性の高さは、『古事記』『日本書紀』の比ではありません。以上からも七世紀の半ば以前には、「倭国」が日本本土を代表する王朝・国家として、太宰府を首都に存在していたことは、太宰府政庁跡の「都督府古跡」の石碑のとおり、否定の余地などは〝本来〟はないものです。

こうした史料を一貫して無視して「日本古代史」と称する態度こそは、「資産価値」優先という民族の歴史の事実よりも、為政者等の国民支配の得失を上におくもので、おそらく世界にも例がないものではないかと思います。『旧唐書』の「二国併記と王朝交代の記載」という文献的事実を、ひろく明らかにされた方は古田武彦氏（『失われた九州王朝』）ですが、にもかかわらずこれを無視し続ける日本古代史学者や、マスコミ等の姿は唖然たるものです。この背後に明治以来の憲法第一条があることは明らかかと思います。

『旧唐書』日本国伝について

『旧唐書』日本国伝の冒頭記事は、「日本国は倭国の別種なり。その国日辺にあるを以て、故に日本を以て名となす。あるいはいう。倭国自らその名の雅ならざるを悪《にく》み、改めて日本となすと。あるいはいう、日本は旧小国、倭国の地を併せたりと。その人、入朝する者、多く自ら矜大（尊大）実（事実）を以て対《こた》（質問に）えず。故に、中国焉《これ》を疑う。」（傍線は引用者）というものです。また「日本国伝」では最初の使者を、「長安三年（七〇三）、大臣朝臣真人（粟田真人）、来たりて方物を貢す。」と記しています。これに照らせば『日本書紀』の最初の遣唐使派遣記事と、大幅に食い違います。同時にこの「日本国」が八世紀初頭の大和朝廷であることも間違いないところです。

この冒頭の「日本国は倭国の別種」という記述は決定的です。「別種」とは別の種族などをいう言葉であって、大和朝廷は「倭国」とは「別の王朝・国家である」という意味です。その上にたって粟田真人を最初の遣唐使とし、また大和朝廷が称した、国号「日本」の由来を問題にしているのです。本来、どの国が自国をなんと呼ぼうとそれはその国の自由であり勝手のはずです。

しかし唐朝と大和朝廷の最初の接触では、「貴国はなぜ、日本を国号とされるのか、その経緯を説明していただきたい」という唐側の問いと、それへの回答、さらに再質問と再回答だけが『旧唐書』日本国伝の重要部分を構成しており、その他の部分は特に重要という性格をもたない記録になっているのです

この点に関して「万世一系の皇統」史観にたつ通説の立場からは、「さて、日唐交通の隆盛はまさに未曾有のことであった。わが国から正式な使者が遣わされただけでも、初唐（六一八年――これ

は『日本書紀』によっていますが、それは「倭国」の遣唐使を自分の遣唐使に取り込んだもの、引用者――――から晩唐（九〇六年）までの約三〇〇年間に遣唐使の派遣回数は二七回におよんでいる。したがって中国の正史『旧唐書』にみえる日本関係の記事も、すこぶる多いと想像されるのであるが、じつは反対にきわめて貧弱である。」（同書、一五頁）とされています。

大変重要なことは、『旧唐書』の「倭国伝」と「日本国伝」を通じて、日本の王朝交代とそれの歴史的な時期、および「国号・日本」の由来をめぐる、大和朝廷と唐朝の見解の対立が鋭く対比されていきます。そこに真の日本民族の古代史の姿が示されているという、そうした史料です。したがってこの史料を無視した「日本古代史」は、日本民族の真の古代史とは到底呼べないのです。さて、唐はなぜ国号・日本の由来を、中国にとって初対面の大和朝廷に厳しく問いつめているのか、という問題です。今日、知りうる中国正史類から考えられることは、先述の『隋書』俀国伝の「日出ずる処の天子、書を日没する処の天子に書を致す……」という、国書をめぐる問題に留意するならば唐朝が、大和朝廷が称した国号・日本にこだわる理由は、理解できるところではないでしょうか。「貴国はわれわれ中国を蔑視する立場を国の立場とされているのか」と。

そうして国号・日本にかかわる唐・中国側の執拗なこだわりは、結果としてここに記されている通りに、大和朝廷とその使者に日本史の事実を語らせる動機となっているのです。唐の問にたいする最初の一般的回答が、「その国日辺にあるを以て、故に日本を以て名となす。」とかかれている遣唐使の答弁です。この意味は、唐の「貴国はなぜ日本を国号とされているのか」という問に、「わが国は〝日辺〟、つまり東に国があるからだ。」とかわしたのでしょう。

これは多くの遣唐使の態度だったことは、「その人、入朝する者、多く自ら矜大（尊大）実を以て対《こた》（質問に）えず。故に、中国焉《これ》を疑う。」という記述に明らかです。唐朝は国号・日本を名のる理由について、その「王朝の歴史」を問い詰め、同時に例の「日出ずる処の天子……」という「俀国」の「国書」を持ち出し、また唐および歴代中国王朝の厖大ともいべき対日交流の諸記録をも動員して、国号・日本の歴史的経緯の説明を大和朝廷に求めているのです。

これに対して多くの遣唐使は「正直に大和朝廷の歴史も、『倭国』との関係をも答えなかったので、その時代に中国を代表する唐は、大和朝廷の説明を疑う」と述べているわけです。多くの遣唐使の唐の質問への回答は、「わが王朝こそは日本における唯一の正当王家」という主張であったと推測します。それは先に述べた『隋書』俀国伝を間違いだらけで取り込んだ、しかも国民には明らかにされていない「日本史」、『唐書』日本伝に詳細に紀されている遣唐使が唐朝に述べて「日本史」です。

これにたいして遣唐使等の中には、真実の大和朝廷史と「倭国」との関係を述べたもの達がいて、「倭国自らその名の雅ならざるを悪《にく》み、改めて日本となすと。あるいはいう、日本は旧《もと》小国、倭国の地を併せたりと。」と、中国側の歴史の諸記録に照らして、真実と判断できることを述べたということです。その遣唐使が唐朝に絶賛されている粟田真人や阿倍仲麻呂、また特に名が記されている橘免勢（橘逸勢）および空海などとおもわれます。なお、「倭国」が「雅ならざる」とした名とは、「倭」ではなく「邪馬台国」であったと私は考えています。

「倭国」の滅亡と国号・日本、および「もと小国」

『旧唐書』東夷伝の「日本本土の二国併記」自身が、日本史の重大この上ない記録ですが、なかでも「日本は旧小国。倭国の地を併せたり」は、『古事記』『日本書紀』の真の姿を考えるうえで、極めて重大この上ない記録です。大和朝廷とその使者は他国の前で、「倭国」併合以前の自分達を、「もと小国」と言明しているのです。つまり通説がそれに立脚している『日本書紀』『古事記』の、〝大和朝廷は国家開闢以来、日本民族の唯一王家〟という「日本史」、明治以来、一貫して教科書にもされている「日本史」が、この一節の前では粉々になるばかりか、『古事記』『日本書紀』は日本史の事実を記したものでないことが、『記・紀』成立時代・八世紀の遣唐使の言葉によって示されているのです。

この大和朝廷の遣唐使の言葉を「二国併記する不体裁」というとすれば、この史書は同一の国家・王朝が、同一のそれを併合したという話を記録した文章ということになります。いったい世界のどこに〝同じ国家が同じ国家を併合した〟、などというもの、また、それを聞いて納得するものがいるでしょうか。あの松下見林でさえもがこれを次のように理解しています。

「此日本者似指日向国。倭国実指大和国。大和国旧曰倭国。後改為大和国。神武天皇始在日向国。後平倭国。故曰日本併倭国之地。」（此の日本は日向の国を指すが似《ごと》し。倭国は実に大和国を指す。大和国は旧《もと》倭国と曰い、後に改めて大和国となす。神武天皇、始め日向国に在り、後に倭国を平らぐ。故に曰く『日本は倭国の地を併せたりと。』（『異称日本伝』、四六頁、近藤活版所、一九〇一年（明治三四）。

見林は「万世一系の皇統」論者です。したがって『旧唐書』日本国伝の七世紀後半の、「王朝交代記」を考察するに、「神武の東征」を持ち出すの他に、近畿大和は昔、倭国と言ったとか、日向を日本国に当てるなどの、すなわち「一国史観」による、歪曲的な考察しか生れないのですが、今日の通説・日本古代史学の学者諸氏は、見林のこの考察を笑う資格はないのではないでしょうか。なにはともあれ見林は、「旧小国の日本国が、倭国を併合した」と理解しているのです。石原道博氏を含めて通説は眼前に明確な証言があるのに、「二国併記をするなど不体裁」と国民に真実を語ることを放棄、拒否しているのです。

江戸時代は、尊皇論を国民の上に振りかざす天皇制政府もなかったのです。見林等は当時、自分の自由意志で歴史論としては根本的に間違った、自己の思想と理論を展開していたに過ぎないのです。しかし、今日の日本の学者はこの見林よりも後退して、「倭国の併合」記事からさえも目をそらすのです。この姿のどこに民主主義の根幹である「事実の重視」、然るを況んや「自由と民主主義」の学問的表現である、「科学的精神」があるのでしょうか。これは戦後、一見、天皇制批判が自由であるかに見なされた時代でも不変でした。この背後に「象徴天皇制」憲法があるのです。

さて、七世紀以前の「ヤマト朝廷が〝小国だって〟、ばかばかしい」といえるでしょうか。現に「火のないところに煙はたたない」のです。それはヤマト朝廷に持統天皇の八年（六九四）以前に、都城・首都がないという事実を見れば明らかです。世界に都城なき王朝・国家などはないのですから……。すなわちこの一節を国民に明らかにすることは、戦前・戦後の通説日本古代史学の根本的な崩壊を意味し、その学の性格が根底から問われるという決定的な問題をひき起こすのです。それだけにこうした史料を国民に明らかにしない「日本史」は、日本民族の真実の日本史とは断じて呼べないものと思います。

「倭国」の滅亡と唐の太宰府占領

この「倭国」の滅亡や、この時の王朝交代の問題を考えるにあたって重要な点は、やはり「日本は旧小国。倭国の地を併せたり」という奇妙な記述です。「一小国が倭国の地を併合した」というのですが、「〇〇年の〇〇の戦いで倭国を破り、その地を併せる。」というのならば、まだわかるのですが、ただ「一小国が倭国を併せた」というだけでは、〝どうしてどのように併せたのか〟わかりません。ましてや自ら「旧小国」とわざわざ断っている、首都一つない時代の「ヤマト朝廷」が、分かっているだけでも約七〇〇年以上の間、首都を太宰府において日本本土を代表し、「使持節都督……倭国王」を勤めた極東の著名な王朝・国家を、どのようにしてに併合しえたのか、この文章だけでは不明です。

この問題に関しては拙著『墓より都』に詳細に書きましたので、ここでは簡略にのべるに止めますが、すでに古田武彦氏が『失われた九州王朝』で指摘された通りに、唐・新羅連合軍と「白村江の決戦」を戦い、大敗し筑紫を占領されたのは「天智天皇」ではなく「倭国」だ、ということです。この点も、『日本書紀』天智紀を読めば、おのずから浮かび上がってきます。

「天智紀」の戦後措置の矛盾

その第一は、『日本書紀』天智紀の白村江での唐・新羅軍との決戦での大敗記事、ならびにそれにつづく「大和朝廷」・天智「天皇」がとった一連の戦後措置に現れています。

(1) 白村江の決戦での大敗の日――「天智二年（六六三）、「秋八月己酉（二八日）……大唐、便《すなは》ち左右より船（倭船、引用者）を夾《はさ》みて繞《かく》み戦ふ。須臾之際《ときのま》に、官軍《みいくさ》（倭軍、引用者）敗續《やぶ》れぬ。水に赴きて溺れ死ぬる者衆《おほ》し、艫舳《へとも》廻旋《めぐら》すこと得ず……」（『日本書紀・下』、三五九頁、引用文の傍線は引用者。以下同様。『三国史記・百済本紀』＝倭人と白村江口に遭い、四戦して皆克ち、其の舟四百艘を焚く。煙炎、天を灼き、海水、丹《あか》く為《なれ》り。」

(2) 敗戦の翌年（六六四年）、「天智三年、春二月……天皇、大皇弟《ひつぎのみこ》に命《みことのり》して、冠位の階名《しなな》を増し換ふること、及び氏上・民部・家部等の事を宣《のたま》ふ。」（同書、三六〇頁）

(3) 天智三年五月、唐の百済占領軍総司令格の劉仁願が朝散大夫の郭務悰を日本に派遣。「表函と献物とを進《たてまつ》る。」。一〇月に郭務悰帰国準備、「是の日に中臣内臣（鎌足）、沙門智祥を遣わして、物を郭務悰に賜ふ。戊寅に、郭務悰等に饗賜ふ。」（同書、三六一頁）

(4) 〝六六四年〟（天智三）一二月に、「是歳、対馬嶋・壱岐嶋・筑紫国等に、防と烽とを置く。又筑紫に、大堤を築きて水を貯へしむ。名づけて水城と曰ふ。」（同書、三六二頁）。

右の記事の不可解さは次の点です。つまり敗戦の日を『日本書紀』のいう、「天智二年八月二八日」として、本来ならば大敗の報に接するや直ちに、北九州を中心に本土防衛の緊急措置が指示・伝達されるべきものでしょう。事は唐・新羅という外国との戦争です。大敗すれば直ちに対応策がとられるのが必至のはずです。なぜならば「倭軍」の大敗を追って、直ちに北九州侵攻軍が準備され上陸されて敗北すれば、国土の占領のみならず「倭王」は責任を追求され、処分されるか追放されるか唐に拉致される等、王朝にとって存廃がかかる顔面蒼白の緊急事態のはずです。第二次大戦の敗北をみればおして知るべしです。にもかかわらず約六ケ月間にわたって、無為無策であるのは異常です。そればかりか敗戦後の措置の第一号がなんと、「冠位の階名を増し換えること……」というのです。「国破れて山河あり」とは聞きますが、「国破れて祝賀あり」とは聞いたことがありません。そもそも外国軍に大敗した王朝が戦後処理の第一に、〝官位を増設しよう〟などという措置は、断じてあり得ない姿でしょう。これができる者は、敗北した王朝の行く末が滅亡であることを願う者、ないしはそういう見通しをもって、「いよいよ出番がまわってきたぞ」という立場の者の、露骨極まりない狂喜の姿です。

現に、本土防衛措置も取らずに敗戦の翌年の五月に唐の百済占領軍総司令格の劉仁願が派遣した郭務悰と、六カ月にわたって交渉を行い、その結果がよほど嬉しかったとみえて郭務悰の帰途に贈り物をし、さらには別れの宴まではっています。そうして敗北の日から約一年五カ月たって、つまり本土に上陸した唐軍の使者が近畿を去ったはるかあとに、「是歳、対馬嶋・壱岐嶋・筑紫国等に、防と烽とを置く。又筑紫に、大堤を築きて水を貯へしむ。名づけて水城と曰ふ。」というのです。

ここにみられる措置は敗戦から寸暇を惜しんで国土や国民を防衛し、戦地に送った兵を少しでも保護するなど、王朝ならば自己防衛上からも必ずとられるべき最低の措置さえ、事実上、皆無なのです。それどころか唐軍の九州上陸に心を痛めるのでなく、その使者と面談して来るべきわが世の春を謳歌するという、「大和朝廷」が当時の「倭国・日本」の王朝ならば絶対にありえない姿です。これはまさに『旧唐書』の日本本土の王朝交代記とピッタリと照応した、大和朝廷自身による日本史の真実の思わぬ告白でしょう。

『日本書紀』、「日本史の隠蔽記事」

この『日本書紀』の郭務悰の「日本派遣」記事は、当時の日本史の真実を隠蔽したものです。ところが『日本書紀』天智紀が記していない「郭務悰来朝記事」が、実は別の史料にあります。それは『日本書紀・下』（「補注26〜五」、五七七頁）に、日本史の真実にとって極めて重要な記録が、校注者によってなに気ない仕方で引用されています。それは校注者が『釈紀』が「私記」と言う、しかし実際は、「倭国」文献と考えられる『海外国記』という史料（『善隣国宝記』上巻、相国寺の瑞渓周鳳が文明二年＝一四七〇に著わした「外交史」中の引用文献）です。

「海外国記曰、天智天皇三年四月、大唐客来朝、大使朝散大夫上柱国郭務悰等卅人、百済佐平禰軍等百余人、到対馬島。遣大山中采女通信侶・僧智弁等来、喚客於別館、於是智弁問曰、『有表書并献物以不』。使人答曰、『有将軍牒書一函并献物』。乃授牒書一函於智弁等、而奉上。但献物検看而不将也。九月、大山中津守連吉祥・大乙中伊岐史博徳・僧智弁等、称筑紫太宰辞、実是勅旨、告客等、『今見客等来状者、非是天子使人、百済鎮将私使。……是以使人（不が脱落）得入国』」（傍線は引用者）云々です。

この漢文の意味は、対馬に天智三年四月に来た唐軍の使者郭務悰と新羅の使者に対して、大山中采女通信侶・僧智弁等が遣わされて、その使者を別館に招いて国書と献物の有無を問い、唐と新羅の使者から「将軍からの文章と献物がる」旨が伝えられ、その献物は「検看されなかった」が、その「牒書一函」、すなわち文書とその入れ物は智弁等に渡された。その後、九月に大山中津守連吉祥・大乙中伊岐史博徳・僧智弁等が、唐と百済の客に筑紫太宰の言葉として、「客等は唐の天子の使者でなく、百済占領軍の一介の将軍の使者に過ぎない」と告げて、「是の理由をもって国（倭国）に入ることを得ず」、とした、すなわち入国拒否をしたという文章です。つまり郭務悰等は、「天智三年」に筑紫と近畿大和を行ったり来たりしているのです。それを月別に列挙すれば以下のようになります。にもかかわらず『日本書紀』は、郭務悰等の近畿到来だけを書いて、太宰府訪問記事は伏せているのです。つまり『日本書紀』天智紀の郭務悰等の日本本土訪問の真の姿は次のとおりです。

(1)「天智三年四月に、郭務悰等、対馬に到る。」そこで「大山中采女通信侶・僧智弁等を遣して、客を別館喚び、此に於て智弁が問うて曰く、表書ならびに献物ありや」。すなわち来意を問うている。（『海外国記』）

(2)「天智三年五月、（近畿大和に）郭務悰等着、「表函と献物とを進《たてまつ》る。」」（日本書紀）

(3)「天智三年九月、筑紫を再び訪れた郭務悰等と百済佐平禰軍等に、大山中津守連吉祥・大乙中伊岐史博徳・僧智弁等」が派遣されて、四月に渡された『表函』が唐の天子のものではなく、百済攻撃をした唐の一武将の私文書に過ぎないとして、「入国拒否」を通告（『海外国記』。傍線は引用者）

(4)「冬十月に郭務悰帰国準備、『是の日に中臣内臣(鎌足)、沙門智祥を遣わして、物を郭務悰に賜ふ。戊寅に、郭務悰等に饗賜ふ。』」（日本書紀）。

以上です。つまり唐の使者である郭務悰等は、対馬という「倭国」の「出入国管理事務所」に来て来意を告げ、「倭国」の審査を受けている間に、近畿大和を訪問して将来の大和朝廷と意を通じ、その後九月に再び「倭国」の出入国管理事務所に出頭して、入国許可を要請したが拒否され、ここを去って再び十月に近畿大和を訪れ、多分「倭国」の入国拒否を報告して、将来の大和朝廷はそれを聞いておおいに気をよくして、郭務悰等に贈り物をしたり、饗応したり至れり尽くせりの接待をしたということでしょう。すなわち『日本書紀』と『海外国記』をあわせ読めば、当時の日本本土が「二国併記」されているのです。この『海外国記』は「倭国」の文献で「天智三年四月」などの記事は、「私記」なる大和朝廷の改竄でしょう。

　これと同様の記述が「天智四年九月」の、「唐国朝散大夫沂州司馬上柱国劉徳高等を遣す」にかかわる分注にもあります。それは「等といふは、右戎衛郎将上柱国百済禰軍、朝散大夫柱国郭務悰を謂ふ。凡て二百五十四人。七月二十八日に対馬に到る。九月二十日に筑紫に至る。二十二日に、表函《ふみひつ》（天皇に差し出す文章）を奉る。十一月の己巳の朔、辛巳に劉徳高等に饗賜《あへたま》ふ。」（『日本書紀・下』、三六三頁）です。

　つまり対馬に七月に来て、「倭国」への入国申請を行い、九月二十日に「倭国」の筑紫に着き、その二日後に「倭国王」への「表函」を提出して、さらにその後十一月に近畿大和を訪れたというわけです。こう理解する以外にない理由は、まず博多湾に着いてから、倭国の王宮・太宰府まで徒歩ですから、二日は最低の時間でしょう。したがって筑紫に二十日に着いてその二日後に「表函」、すなわち国書を提出した相手は「倭国」以外にあり得ません。大和朝廷に関する事実は、「十一月己巳……」です。この考え方を支持するさらなる根拠に、「伊吉連博徳《いきのむらじはかとこ》」（「斉明天皇紀、五年、秋七月の記事、三三八頁）の記載です。『海外国記』では「伊岐史博徳」、つまり『日本書紀』が「伊吉連」としている人物と、同一人と考えられる者が姓が「史」と「連」、字も「岐」と「吉」が異なって記されているのです。つまり『日本書紀』は、この時点で北九州・筑紫に「倭国」が存在している事実を隠蔽・消去しつつ、しかも「倭国」文献から部分的に盗作する等の仕方で、この時代の日中関係を「ヤマト朝廷一元史」に都合よく脚色・改変しているのですが、それが次々と馬脚をあらわしているわけです。

唐軍の北九州進駐

『日本書紀』天武紀には、真実の日本史にとってきわめて大きな意味がある次の記事があります。

「十二月に、天命開別《あめみことひらかすわけ》（天智）天皇崩《かむあが》りましぬ。元年（六七二）の春三月……（干支）……に、内小七位阿曇連稲敷を筑紫に遣して、天皇の喪を郭務悰等に告げしむ。是に、郭務悰等、咸に喪服を着て、三遍挙哀る。東に向ひて稽首む。壬子に、郭務悰等、再拝みて、書函と信物とを進る。夏五月の辛卯の朔壬寅に、甲冑弓矢を以て、郭務悰等に賜ふ。是の日に、郭務悰等に賜ふ物は、総合て絁《ふとぎぬ》一六七三匹、布二八五二端、綿六六六斤。」（『日本書紀・下』、三八四頁、傍線は引用者。近畿大和は筑紫から東）。

天武元年は西暦六七二年です。白村江の決戦の大敗は六六三年の八月です。つまり「倭国」大敗の年から一〇年も経過して郭務悰という唐の百済・倭国戦の将軍が何のために筑紫に、また筑紫のどこに駐留していたのか、という問題です。当然、その駐留地は太宰府であり、その駐留目的の第一は「倭国」権力の解体でしょう。なぜならば白村江の決戦につながる百済の遺民の新羅・唐への決起を軍事力をもって支援した者は、太宰府に都城を構えた「倭国」だからです。こう考える以外に白村江の大敗の報に接して真っ先に、「冠位の階名を増し換えること……」という措置をとった大和朝廷（の始祖）

の態度を説明できるものはないでしょう。

したがって筑紫への郭務悰等の駐留は、大使館形式ではなく軍事的駐留と考えることが自然です。しかも『日本書紀』に大和朝廷が外国人等に、これほど莫大な贈り物をしている記述の例はないでしょう。なにはともあれ「倭の五王」を意識した記事と推測され、それによって馬脚を現しているのですが、三世紀の中国「呉」をさえも「貢奉る」と書く尊大な「大和朝廷」です。したがって郭務悰への贈答記事は、『日本書紀』にしては異例と思われます。

また、いつも「貢奉る」水準にあつかわれている新羅にたいしても、郭務悰への贈答記事の前年に、「新羅の王に、絹五〇匹、絁五〇匹、綿一千斤、韋一百枚賜ふ。」（『日本書紀』天智一〇（六七一）年の一一月。三八〇頁）とあります。この唐と新羅が「倭国」滅亡の立て役者であることは云うまでもないことです。この贈答記事はそれへの謝礼記事でしょう。

これらの記事は『旧唐書』東夷伝の、日本本土の七世紀末の王朝交代記という額縁にみごとにおさまり、かつ『旧唐書』の二国併記を、歴史論として大和朝廷の正史が、みずから補完する関係にある記事です。

この唐による北九州占領などということは、「まともな日本史などではなく、歪んだ見地にたつ素人の妄言」と学者諸氏は断言できるか、これを問いたいと思います。それは「天智紀」の六年（六六七）の、「十一月の丁巳の朔乙丑に、百済の鎮将劉仁願、熊津都督府熊山県令上柱国司馬法聡等を遣して、大山下境部連石積等を筑紫都督府に送る。（『日本書紀・下』三六六頁、）という記事です。この記事は、唐の百済占領軍指令部が「倭国」の捕虜の境部連石積等を唐の「倭国」占領軍指令部である「筑紫都督府」に送還した、という重大な記事です。

ところが『日本書紀』の校注者は、この熊津都督府について「上段の注一六」で、「唐が百済統治のために熊津に置いた行政府」(同書、三六六頁)と註釈しながらも、筑紫都督府に関しては「上段の注二一」で、「筑紫太宰府を指す。原史料にあった修飾がそのまま残ったもの」(同書、三六七頁)としています。しかし、これはおかしいでしょう。理由は「天智六(六六七)年は、日本書紀編纂者等にとって約半世紀前の現代史であるばかりか、外国軍隊の日本・北九州占領という大事件です。

つまりこの一節は、ウッカリ当時の現実を記したもの、というのが真実でしょう。通説の姿は、「一元史観」の結果、当時の日本史の事実が「心ここにあらざれば見ても見えず」(儒教『大学』)という姿なのでしょう。この天智紀の白村江問題をめぐる文章には、『日本世記』とか『海外国記』等の「倭国』文献の可能性がたかい文書から、切り貼りしたと思われるものが少なからず散在しています。これを正確に言わずに「原史料」などといい、同一文章の前半は真実、後半は「修飾」などという態度は、意図的という他はないでしょう。この筑紫都督府は「倭の五王」の「都督府」と似ていますが、「筑紫都督府」という名称は熊津都督府と同様に、唐軍の太宰府に置かれた行政府、すなわち「倭国」占領軍総司令部でしょう。

つまり、この記事は『旧唐書』日本国伝中の、「倭国の地を併せた」という記事とみごとな対応をなし、天智を先頭に後の大和朝廷は、唐・新羅の了解のもとに近畿大和に新政権を樹立し、後に大宝律令等によって「公地公民制」の名のもとに、「倭国」王朝とその大貴族や後には関東・東北等の勢力の土地を収奪して、大和朝廷を確立したというのが真実の日本史と考えます。

「天命開別天皇」について

しかも天智天皇の名は「天命開別《あめみことひらかすわけ》」とされています。『日本書紀・下』の「上段注一」には、「天命を受けて皇運をひらいたの意か」(同書、三五二頁)とあります。この「天命」とは、「天命論」からの借用でしょう。「天命開別」をした、つまり〝天命によって王家を開いた〟と理解できるのです。古代中国の「天命がくだる」という言葉は、新王朝の設立を指すのです。十分に当時の現実を反映し、それを中国風に表現したもので、唐・新羅の「倭国」への侵攻とその滅亡という思いがけない「天命」によって、「天皇」の地位を得た者という、真実の日本史を反映した名と思われるのです。これを通説のとおり天智を当時の「天皇」とすると、外国に大敗して朝鮮半島南部の「倭地」を失い、他国に降伏した天皇を「天命開別」ということになり、「歴史の事実」と真正面衝突する命名となります。

第四章　通説「日本古代史」は近世〜近代の日本思想の産物

これは一見、逆説に見えます。しかし通説「日本古代史」が絶対的とする、『日本書紀』『古事記』の〝日本史像〟と、古代中国史料等の記す〝日本古代史〟とは一八〇度違っています。これが実は日本古代史の学者が国民に明らかにしていない、しかし、実は日本古代史最大の問題なのです。したがって通説が〝事実にたって真実を探究する学問〟というのであれば、本来、この食い違いを示して、そのどちらが正しい日本史かを明らかにすることこそが、日本古代史探究の第一の課題なのです。しかし、現実の姿はこれとは一八〇度ちがいます。

しかもこの通説の日本史観は、戦前の「大日本帝国ハ万世一系ノ天皇之ヲ統治ス」や、戦後の「天皇は、日本国の象徴であり、日本国民統合の象徴……」という、戦前・戦後の憲法第一条の規定の「日本史観」にたったものです。この日本史がそもそも学者の学問的探求の一致した見解ならば、なぜ憲法という国家の最高法規の第一条に規定する必要があるのでしょうか。しかも、「歴史は書きかえられる。」というヨーロッパのみならず、戦後の中国でも〝黄河文明一元史観〟が否定されて、〝古代中国文明多元史観〟が登場するというように、「歴史は書きかえられる」可能性が常識なのです。それは人間の認識は前進するからです。

しかし、特定の歴史観を憲法に規定するという意味は、この特定の史観以外は憲法の名において認めないという意味です。本来、歴史学が学問であるならば、すべての学問がそうであるように「事実以外のいかなるものも、学問を統制しえない」はずです。しかし、近代日本では学問のはずの歴史と歴史観が、憲法のしばりの下におかれているわけです。これがどんな意味なのか、井上光貞氏の言葉で見ておきましょう。

「日本においても、第二次大戦がおわるまで……『神話から歴史へ』というような問題を、公然と言ったり書いたりすることは、ひじょうに困難であった。というのは、日本のなりたちを記した二つの貴重な文献、つまり『古事記』『日本書紀』を論じようとすると、どうしてもその中心にある皇室の祖先に言及することになる。しかし明治憲法において天皇は神聖にして侵すべからずとされていたので、この侵してはならないタブーにふれることになるからである。」（井上光貞氏著、『日本の歴史・1』、三頁、中公文庫、一九八八年、二四版）というものです。井上氏は、「戦前」と特定しつつも憲法規定の制約を指摘されてます。しかしこの制約は、戦後憲法の第一条の規定にも通じることは明白でしょう。国家・民族の歴史の探究に関して憲法でその姿・歴史観を規定している民族・国家などは、これまた世界に日本しかないのではないでしょうか。これで日本を「自由主義国家」だの「学問・研究の自由な社会」とかいうことは、グルーが指摘しているとおり、欧米（中国・韓国にも）に存在しない、特異なものに目をつむるといことと思えます。

それがどういう性格のものかを、これも井上氏の指摘で見ていきたいと思います。「歴史をまとめるばあい、過去のことを記録しておきたいというすなをな動機もたしかにあるだろう。しかし国家や宗教の支配層に属する公（おおやけ）の機関（文部科学省や国立大学、ヨーロッパ中古のキリスト教等）が歴史をまとめる場合、そこに自分たちの支配体制を歴史的に肯定しようという意図がしばしば一本の筋となって貫かれる。つまり、自分たちが君臨しているのは偶然のことではなく、本来、そうあるべきだったのだ、ということを自他ともに示したい動機がひそんでいるのである。とすれば、どうしても、自分たちに都合のわるいことはタブーとしてなるべく書かないし、実際にはなかったことも書きたくなるだろう。したがって自分たちの都合のわるい事実を明らかにする者が出ると、世を惑わす者として処罰するということも起こってくる。そうして、支配体制が変革をうけると、たちまち歴史は書きかえられる……」(『日本の歴史1』「神話から歴史へ」、三頁)。

氏はこれを「戦前」と断られているのですが、天皇制条項は戦後憲法にもあるわけですから、氏の指摘は戦後日本においても通用すると思います。つまりは、今日の〝日本古代史〟とは、「万世一系の皇統」規定を憲法に書いた「国家や宗教の支配層に属する公の機関」が「まとめた歴史」だ、ということです。これがグルーがいう歴史論の「資産価値」論です。

井上氏の指摘はなかなかうがった面をもっていて、味わうべきものがあると思います。そもそも学問は、したがって歴史学も、〝事実以外には何者によっても規制されない自由な探究〟にまかされるべきです。これが「学問」の真の姿であることは、古代ギリシャの「アカデミア」は、如何なる政治権力からも独立して学者等の自由な探究がおこなわれたことで有名です。

『ローマ帝国衰亡史』(エドワード・ギボン著、中野好夫氏訳、筑摩書房、「全一一巻」、一九九五年第一刷)によれば、「ゲルマン民族の大移動」の際にもゲルマン人(当時、蛮族といわれた)は、このアカデミアの破壊など一切しなかったといいます。ところが中古初期キリスト教徒はこれを「異教徒の不信心の源」とみなして、徹底的に破壊し、これを守ろうとした人々を虐殺したとあります。

同様に古代儒教が「百家争鳴」「諸子百家」といわれ、これを「学者・論客がめいめいの立場から自由に自分の意見を発表し、論争すること。」と、『新明解国語辞典』（第三版、一九八七年、第五一刷）はしています。ところがこれを秦の始皇帝は徹底的に弾圧して、「焚書坑儒」という大文化破壊行為をしたことは有名です。

また、例えば「宇宙の姿」を憲法で規定したらどうでしょうか。「そんな、馬鹿な」といわれますか？しかし、これと同然のことをしたのが、ガリレオ・ガリレイの「地動説」への弾圧を、「天動説」（『聖書』）擁護をかかげておこなった宗教裁判ではありませんか。こうした本来・政治や宗教からは独立した学問分野を、権力がその政治的見解を優先させて、〝規定〟の対象にすること自身が、人類の学問・研究の発展に反したもので、いまどき歴史観を憲法規定の第一条におく社会・国家などがあるのか、というおもいです。

しかもそれが奉じる「日本古代史」は、「それはすべて純粋に人工的に作りだされたものなのだ。」などと、「最大の同盟国」の「象徴天皇制」策定の「知日派」の大御所の、グルーからさえも陰口をたたかれる世界に類例がないものです。つまりはこの日本の公的機関の姿は、本当のところ「日本古代史の真偽」などまったく無関心で、もっぱらそれの政治的「資産価値」第一主義という、今日、世界で探しても見当たらないか、あえてたとえればイスラム原理主義か進化論を否定するアメリカのキリスト教の一派なみの、民主主義的知性と文化とはほど遠いものに見えます。

こうしたものに対して日本の公的世論のなかに、〝歴史学という学問分野の見解如何を、憲法規定の対象にするのは「自由と民主主義」の基本である、「学問・研究の自由」のだれはばからない侵害であり蹂躙であって、日本人と日本社会の恥である〟という指摘があってもよさそうなのですが、戦後といえどもこれはないのではないでしょうか。

ここに「万世一系論的日本史論」に疑問をもたない近代日本社会の姿があり、ここにグルー等がその「資産価値」に着目した由縁もあると思われます。さて次に、「万世一系」論を憲法に規定した主張と、イデオロギーがどのように生れ、それが近代〜現代日本の支配的イデオロギーとなる背景、およびその性格を考察し、さらにはその源流となった『日本書紀』等の真の姿をも、これを神聖化する思想にとらわれることなく探究して、真実の日本民族の古代史を明らかにするという、ごくごく少数の先学が歩んだ道に続きたいと思います。

一 「日本古代史学」を形成した二つの潮流

「万世一系の天皇制」なる歴史観、すなわち「日本古代史」とは、実のところ近世〜近代日本の思想なのです。この「日本古代史」形成の根底に、たしかに『日本書紀』『古事記』が横たわっています。しかし、それに止まらず戦前・戦後の日本古代史を形成するうえで、大きな役割を果たした二つの〝学派〟があります。これは日本中世の北畠親房《ちかふさ》(一二九三年「正応六」〜一三五四「正平九」)を除けば、『日本書紀』等の「万世一系の皇統」史観を絶対的とする、水戸光圀を淵源とする水戸史学(大日本史)、もう一つは同様に「万世一系史観」にたつ、国学という二つの「学派」です。

これに関して、野呂栄太郎氏の『日本資本主義発達史』(岩波文庫、一九五八年、第六刷)にも、不十分ながらも次のように述べられています。「尊王論を以て、或いは国学研究の勃興に帰し、或いは徳川氏が自己の覇業を――自ら王道と信じて――維持せんが為め奨励せる漢学、就中朱子の註に依る儒学の尊王賤覇の説に帰し、或いはまた朱子学に対する陽明学の輸入に帰する等、論拠とする所必ずしも一でないが、尊王論の勃興を以て学問の研究に帰する点に於いて一致しており、而も何れも一応の論拠を有することは、これを認め得る。」（同書、五七頁）。つまり近代天皇制崇拝思想とそれにたつ日本史論を形成したものは、水戸史学と国学だということです。

この点、さきに引用した『国体の本義』でも、当時の文部省が大変強調しているところです。「……徳川幕府は朱子学を採用し、この学統より大日本史の編纂を中心とした水戸史学が生じ、又それが神道思想、愛国の赤心と結んでは、山崎闇斎の所謂崎門学派を生じたのである。……儒学方面に於ける大義名分論と竝《なら》んで重視すべきものは、国学の成立とその発展とである。国学は、文献による古史古文の研究に出発し、復古主義に立って古道・惟神《かむながら》の大道を力説して、国民精神の作興に寄与するところ大であった。本居宣長の古事記傳の如きはその第一に舉ぐべきものである……。

徳川末期に於いては、神道家・儒学者・国学者等の学統は志士の間に交錯し、尊皇思想は攘夷の説と相結んで勤皇の志士を奮起せしめた。実に国学は、我が国体を明徴《めいちょう》（明らか）にしこれを宣揚することに努め、明治維新の原動力となったものである。」（同書、七七頁。傍線は引用者）とまで強調しています。

水戸史学は徳川幕府の日本史的正当化・権威づけをはかったもので、その権威の源泉を「万世一系の皇統」に求めたものです。したがってこの「学派」の「日本史観」は、最初から徹頭徹尾、幕府すなわち「支配者の政治的都合」をこそ、唯一・絶対の動機とするものであって、古代中国の正史類等の「事実の記録」を重視する思想、また近代ヨーロッパの歴史学の、歴史の事実を探究する「歴史学」とは、最初から根本的に性格を異にしたものです。岩崎允胤氏は、その著『日本近世思想史序説・上』（新日本出版社、一九九七年、初版）で、『国体の本義』に関して、「その基本思想は水戸史学におうところはすくなくない。」（同書、二九〇頁）と指摘されて、『国體（体）の本義』の「第一、大日本国體、〃一　肇国〃」の冒頭記事を引用されています。

それは「大日本帝国は、万世一系の天皇皇祖の神勅を奉じて永遠にこれを統治し給ふ。これ、我が万古不易の国体である。而してこの大義に基づき、一大家族国家として億兆一心聖旨（天皇の意思）を奉体し、克く忠孝の美徳を発揮する。これ、我が国体の精華とするところである。この国体は、我が国家永遠不変の大本であり、国史を貫いて炳《へい》（ひろがる）として輝いている。」（傍線は引用者）です。これは先の本居宣長の日本史論（五六頁参照）と「瓜二つ」です。なお『国体の本義』では、足利尊氏らを天皇に刃向かった国賊ともしています。

さて当時の文部省は『国体の本義』で水戸史学の基本精神を「神道思想……」、国学を「復古主義に立って古道・惟神《かむながら》の大道を力説」などと強調して、「皇国史観」の中心思想は、この二大学派が形成したものと述べています．

この「万世一系論の日本史観」を、グルーが「国家神道」というのは当り前です。このグルーの見地は、明治以来のわが国の近代天皇制批判をした人々の主張にくらべても、非常に注目される考え方とおもいます。グルーは近代日本の「万世一系の天皇制」史観を「宗教的思想」と断じ、それの形成過程をも日本の天皇制批判勢力よりは、はるかに正確に理解している点はあとで述べます。

さて、この近世尊皇思想の特質は、国民は天皇の命令に絶対服従――聖旨を奉体し、克く忠孝の美徳を発揮する――すべきものと述べ、これこそが「国体の精華」、すなわち日本民族の歴史的な特質とされ、これはまた「万古不易」の姿（わが国の永遠不変の姿）であり、それが「国史を貫いて広がり輝いている。」というのです。つまりはこの〝歴史観〟は、そもそもは幕府の支配の正当化を、〝日本史論〟という体裁で権威づける意図をもって、一方では水戸史学によってつくられた〝日本史〟であり、次にのべるように国学においても、また天皇の支配の絶対性がその主張の主旨です。これは自己の支配を天皇の権威――「万世一系の皇統」――をかざして、正当化する政治的イデオロギーであって、その権威が「万世一系の皇統」なる日本史に求められているのです。つまるところは「この紋所が目にはいらぬか。……」の紋所こそが、戦前・戦後の「万世一系史観」、〝日本古代史〟の真の性格なのです。

したがって天皇のかわりに神をおくならば、中世ヨーロッパのキリスト教や今日のイスラム教に酷似したものに通じる、いわば「日本原理主義」です。こうした中世ヨーロッパやイスラム的なものは、日本の古代末期の武家社会には存在しないものです。しかもこの「万世一系論」は、中世ヨーロッパのキリスト教神学でも最悪の主観主義的観念論、それはまたヒットラーの「ドイツ民族は世界に冠たり」式思想と、「兄たりがたく、弟たりがたい」ものです。これを「日本民族の歴史、その最良の伝統」と称しているわけです。つまりは「万世一系の皇統」史観とは、じつは近代日本の資本主義推進勢力の日本史論を装った、自己の階級支配の正当化論であって、それは歴史の事実の探究を敵視する、真の正体は一種の宗教的観念にすぎないのです。

これを無視・軽視することは、日本の歴史とその特性を、事実にたって科学的に考察することを拒否することであって、その結果は第二次大戦の敗北と悲惨に見るような途方もない錯誤を必然とすることと思います。不正確な歴史論にたって日本問題を考える結果になるからです。同時にこの「歴史観」は日本人を、世界史の「人類社会の発展の方向」から、必ず孤立させる悲惨をも必然とするものです。

国学の概略

水戸史学とは一見、性格を異にする国学が、『国体の本義』もいうように結局は、水戸史学以上に尊皇論と日本的排外主義の塊である点を正視することは、真の科学的日本史観確立では避けて通れない問題とおもいます。そもそも国学とは、「和歌」学として誕生したものですが、それが極端な「万世一系の皇統論」に傾く由縁は、この和歌学が『万葉集』への讃美を、古代天皇制社会への主観主義的理想化・空想化にたって説明し、これを儒教・仏教という〝外来思想に汚されない〟以前の、真に純粋の日本文化と精神と独断し、さらに『日本書紀』『古事記』をもその視点から解釈し、『日本書紀』等の記載を史実としては否定する古代中国・朝鮮史料を、敵視し排撃するという態度を基本としたものです。

近世国学とは『万葉代匠記』を書いた、大阪出身の僧契沖《けいちゅう》(一六四〇〜一七〇一)を始祖として、荷田春満《かだのあずままろ》(一六六九〜一七三六)、賀茂真淵(一六九七〜一七六九)をへて本居宣長(一七三〇〜一八〇一)、さらには平田篤胤(一七七六〜一八四三)に継承されて、水戸史学とともに明治政府の教学の中心思想を形成した、近世〜近代〜現代の「万世一系の天皇制は日本の伝統」なる、いわば基本的には極端に排外主義的な日本思想です。

この国学は江戸幕府が鎖国令（一六三五）をしいた後に迎えた、元禄時代――いつからいつまでか、文化論的には諸説があるとされます――に端を発する、その意味では台頭期にはいった近世町人等の気風を背景に、誕生した側面のある潮流です。

江戸幕府の幕藩体制が安定期にはいり、明暦の大火の後の新都市計画の推進など、当時の商工業の発展とともに町人階級（商業資本）の台頭が新たに前進して、「銀（カネ）が銀を生む世」（西鶴）が生れ、「天下の台所」である大阪など元禄時代の都市が発展し、武家階級の支配と価値観のもとではあれ、商業資本・町人階級の力が増大して、封建制度の枠内ではあれ町人生活に見る武家的気風と価値観とは異なる、その限りで「新たな価値観」が生れるなど、いわゆる町人文化が誕生しつつあった時代です。

これまで多くの研究では、これをなにかイタリア・ルネッサンスのベニスやフィレンツェ等の、町人の共和制的都市国家とその文化、すなわち古代ギリシャ・ローマの古代的民主主義的文明と、その科学的思考の復権と新たな発展、およびそこにみられる近世町人の富の追求の正当化等の姿に、多少ともなぞらえる見解や文言が見られます。

例えば町人生活の「義理人情やその心情の吐露を、朱子学的な価値観の封建的規制」からは自由な、「人間のあるがままの心を重視した」もの等の評価が一般的と見えます。「……国学的主情主義の表現たる規範主義（封建制）に対する批判は……当時すでに固定化し因襲化していた封建的形式主義・繁文縟礼（飾りの多い表現と空虚な儀礼的表現。ここでは中世人の形式主義をいう）にたいする反抗の声として、国学の新鮮さをしめすもの……」（岩崎允胤氏著、『日本近世思想史序説・上』、三二〇頁、新日本出版社、一九九七年、初版）というような評価です。

たしかに元禄時代の町人文化には武家的封建的大義名分論からは自由な、その意味で新鮮な気風や傾向があることは事実です。だがしかし国学の本質を、このように評価できるかといえば、それはまったく違うと思います。なぜならが国学はその最初から「日本の古道」の探究を「学」の基本とし、そもそも最初から「自由な人間像」に反対の立場だからです。「固（もと）より、知情意の美しく調和した全人的な人間性の実現したギリシャ文明に、人間の理想的原型を見出した文芸復興期（イタリア・ルネッサンスを指す、引用者）の開放的な人間像と、古歌（『万葉集』、引用者）の中に細い一筋として発見した歌道古学における主情的人間像とは同一に論じることのできない、人間観の距りを示していて、そこに近世日本の歴史的現実の反映があったと言わねばならないし、初期国学の中に芽ばえた素朴な人間主義が、ヒューマニスティックな思想として発展することができず、かえって人間性の自由な発展を抑止する古道の絶対化へと傾斜して行った国学思想の歴史的運命がそこにはらまれていたと考えられる……」という、大久保正氏の指摘（『江戸時代の国学』、一六頁、至文堂、一九六三年）こそは傾聴にあたいするものと考えます。

歴史の発展は「否定の否定」の形をとるという考え方があります。「弁証法的発展」です。ヨーロッパ古代がギリシャ・ローマの「古代民主主義体制と文化」であり、その中世の幕開けはこの古代文化と制度を「異教・異端」と弾劾して、これをその文化遺産ともども徹底的に否定・破壊し、それを守ろうとした人々を虐殺した時代です（エドワード・ギボン著、『ローマ帝国衰亡史・4』等。マルクス著、

『フランスにおける内乱』、村田陽一氏訳、国民文庫、大月書房、一九八九年、第一四刷。およびモスタファ・エル＝アバディ著、『古代アレクサンドリア図書館』、松本慎二氏訳、中央公論社、一九九一年）。その中世社会約一千年間はこのキリスト教とその教義が、「揺りかごから墓場まで」支配した時代です。この中世社会を「イタリア・ルネッサンス」を遂行した人々は、「暗黒の中世」と見なして否定したわけです。そうしてこの封建制と、その「暗黒」のイデオロギーである中世キリスト教を打破して、古代ヨーロッパの民主主義制度とヒューマニズムの思想・文化の復権をめざし、それを通じて近世以降の民主主義と科学的思考を発展させたのが、近世～近代のヨーロッパの前進面といえると思います。

さて歴史は、「否定の否定」の形で進行するとすれば、つまりは古代社会の中世社会による否定、そうして近世～近代の中世社会への否定が、古代社会の一定の復権として展開されるとすれば、その中世社会の否定は、さしあたって古代社会の讃美と復権として現れるのは、当り前ということになります。そうしてわが国学の思想と動向は、これを寸分違わず示しているのです。

本居宣長が晩年の著作の「うひ山びみ」で、国学を「皇朝の学問」と呼んでいる点にも、それは示されています。徳川幕府は体制的学問として朱子学を尊び、武家が「日本的」儒学をこそ教養としている――日本封建制――のもとで、これへの批判的心情として「和歌」をたっとび、この歌の言葉と内容を日本古代の姿と精神とし、さらには『古事記』『日本書紀』に真実の日本古代の姿と精神があると空想して、しかも、この道を「神道」と考えるならば「和学の心」とは、国学――歌と『古事記』・『日本書紀』研究――を意味し、それは「万世一系の皇統」をこそ、日本の真の姿と考える「皇国の道を明らかにする学問」に収斂することは、水か高いところから低いところに流れるのと同然とおもいます。

したがってこの「学問」が、人間の自由を主張し世界を事実にたって追求する科学的思考などとは正反対に、かれらが『万葉集』や『古事記』等の研究から空想的に思い描いた、「天皇中心の雅びな世界」を真の日本の姿と錯覚して、「天皇の天下しろしめす道」なるものを、「真実の日本の姿」としたのは当然のこととなります。

国学の「日本社会論」

『万葉集』にみる和歌の世界を、仏教や儒学に「汚染」されていない以前の、真の日本社会とその文化と空想し、その古代日本社会の姿を記したものが『日本書紀』、とりわけ『古事記』という国学（本居宣長）の日本古代社会論は、ほとんど「水戸史学」のそれに接近していることは、先に指摘しました。しかも重要な点は世界に例がない〝一民族一王朝・一国家主義〟、すなわち「万世一系の皇統」の由来と特質を、政権にたいする国民の絶対的服従――津田氏は先述のとおりこれを「国民の皇室への愛」と称した――においているのが特質です。

「異国は、天照大御神の御国にあらざるが故に、定まれる主（万世一系の王家の意）なくして、狭蠅《さばえ》（ハエが汚物にのむらがるように……他国をいやしめた表現）なす神ところを得て、あらぶるによりて、人心あしく、ならはしみだりがわしくして、国をし取つれば、賤しき奴《やっこ》（平民）も、たちまち君（君主）ともなれば、上《かみ》とある人は、下なる人に奪はれじとかまへ、下なるは、上のひま（隙）をうかがひて、うばわむとはかりて、かたみに仇みつつ、古へより国治まりがたくなも有りける。（『古事記伝』、「直毘霊＝なおびのたま」などが、その一つです。同時にそこには、したがって天皇に逆らうものは日本社会と民族の伝統に反し、それの敵である、という意味を含むということです。しかもこれは本居宣長によってくりかえして強調されているところです。

(1)「そもそも道といふ物、上に行ひ給ひて、下へは、上より敷キ施し給ふもの」（『うひ山ぶみ』）。

(2)「抑世中の万の事はことごとく神の御心より出て、その御しわざなれば、よくもあしくも、人力にてたやすく止むべきにあらず。故に、あしきおば皆必ず止めよと教へるは強事也」（「呵刈葭」）

(3)「今のおこなひ（政治の事）道にかなはざらむからに、下なる者の、改め行はむは、わたくし事にして、中々道のこころにあらず。下なるものはただ、よくもあしくもあれ、上（政府等）のおもむけにしたがひをるものにこそあれ。」（『玉勝間』）

(4)「すべて下なる者は、よくてもあしくても、その時々の上の掟のままに、従ひ行ふぞ。即チ古の道の意には有ける。」（『うひ山ぶみ』）

といった具合であって、ここには明治憲法第三条の「天皇ハ神聖ニシテ侵スヘカラス」が、厳然として「人の道」としてすでに述べられているわけです。そうして朝廷のこうした権威の源泉を「万世一系の皇統」に求めているのです。これは「専制体制」のなかでも、最悪の「圧政」をこそ讃美するものとなっているわけです。一方で天皇を絶対とし、国民はこれに無条件に平伏せよという主張こそは、皮肉なことに水戸史学がそもそも徳川幕府のために練り上げた、「日本社会観＝日本史観」でしたが、幕末に維新勢力によって武家政権打倒の「尊皇論」、すなわち武家家臣論・「大政奉還論」に転化されたわけです。

たしかに当時、吉田松陰が命をすてて全生涯的に主張し行動した「攘夷」、押し寄せる欧米列強への対処という問題は、日本民族の独立とその擁護という点では、幕府を頭目とするとはいえ従来の分散的な大名制という、幕藩体制では立ち向かえないという問題もあり、この「攘夷」が「尊皇論」と結合され幕府の打倒へと結実していったことは、その限りでは妥当性があったと思われます。しかし、今日、吉田松陰の生きざまを継承している者は、「安保反対・TPP反対」を掲げる道であることは、歴史の弁証法でしょう。これへの反対者はかれが山口県出身者でも、この近代日本の愛国者の反対者にすぎないと思います。

もとにもどって明治政府はこの武家政権打倒で有効な「尊皇論」が、同時に新政権の国民支配にとってあつらえむきの理屈であることを敏感に察知して、新政権とそのもとでの新国家・資本主義的日本社会の基本的あり方論として、憲法に規定したのです。これこそがグルーが「国家神道の資産価値」とよんだ、当のものです。

近代尊皇思想と幕末の富裕町人・豪農層

考えさせられる点は、欧米においてイタリア・ルネッサンスからアメリカの独立戦争と「独立宣言」、フランス大革命と「人権宣言」等へという、ヨーロッパ封建制を打破・変革して、近代民主主義と科学的思想の担い手であった近世町人・市民層に該当するかに見える、元禄時代以降の日本の裕福な町人層や上層の農民層は、なぜヨーロッパ型の民主主義と科学的思考を支持・発展させるのではなく、その反対の姿となったのかという問題です。これは戦前の日本の知識層の問題意識ではなかったかと思います。

そこにはいろいろと「日本の特殊性」(幕府の鎖国政策など)があったでしょうが、事物の発展形式が「否定の否定」という形を取るとすれば、近世~近代日本で『古事記』『日本書紀』への批判的研究が、著しく弱かったという問題は深刻なことでしょう。

この点に関して「自由民権運動」以降の進歩的人々に、大きな見落としがあり、それが今日もまったく自覚されていないという見方を私はしています。ヨーロッパ近世は民主主義思想と制度・その文化を発展させ、人類の進歩への輝かしい貢献を行いました。これに引き換え、日本の封建勢力たる武家階級———江戸幕府は思想的には朱子学等の儒教を江戸式・日本式に改変し、これに対して町人の代表的イデオロギーとして国学が台頭し、真の日本文化と称して先述の通りに『万葉集』や『古事記』『日本書紀』を持ちだしたわけです。ここまでは封建勢力とその対抗勢力たる町人階級は、一見、「階級対立」をしているかですが、ヨーロッパ世界とまったく異なる点は、日本の近世封建制の代表者の幕府が自己の支配の日本的正当化を『日本書紀』に求め、儒教反対を掲げる国学もまた、『古事記』『日本書紀』に日本社会のあるべき姿を見るわけです。

したがって本来、近代天皇制批判は、この幕府と国学の『日本書紀』『古事記』・日本社会の原点論をこそ、批判の対象にすべきもので、これと不可分のものとして近代民主主義論と共に、古代中国正史類等の対日交流紀をも提起すべきものでしたが、こうした認識は今日といえども、大勢的には「0」

と思います。こうした姿の背景に欧米文化受容のあり方があると思います。明治以降の欧米文化礼賛・重視は結構であり、その文化を学ぶことも非常に重要であっても、自分達は東アジアの地域で文化と社会を発展させてきた、中国・朝鮮の人々と深く結びついた民族だということを、「あまり自覚したくない。自分達を欧米文化の輝きのなかにおきたい。」という、近代日本の「文明開化」「入欧脱亜」という思想と気分があるのではないか、と思います。

しかし、こうしたものは事実を直視するという欧米の民主主義思想からの逸脱であって、自分を見失う道と思います。以上の背景から『古事記』『日本書紀』等への真の正しい研究が、白石等に先駆的に開始の兆しはあったにせよ、それが正しく理解もされず広がらず、日本の真に正しい古代社会論は確立されず、その結果は、発展が「否定の否定」を法則とするならば、日本古代社会の姿を恣意的に歪曲する国学等の台頭は、「法則的なこと」ということになります。したがってここに、『古事記』『日本書紀』の記載の真偽を、おくればせながらもあらためて探究する意義があると考えるものです。

以上のような近代日本の特徴からは、国学等の『古事記』『日本書紀』を真実の日本古代社会と錯誤する、根本的な誤りを指摘して是正する思想も理論も生れず、逆にこれを擁護する者達の「自由の広場」を許してきたとおもいます。ここを見れば『古事記』『日本書紀』と、それを神聖化・絶対化をしてきた近世~近代の尊皇思想への研究と、それへの正しい批判をともなわない「天皇制批判」が国民の理解をえにくいのは当然であって、近代天皇制への批判は、天皇礼賛主義の「日本史」への、真の日本史の探究とその点からの、果敢な批判が不可欠であることは、本来は言うまでもないことと思います。

また、日本の民主主義論という見地からは、つぎの問題も宿題のまま放置されていると思います。これは幕府が儒教・朱子学を採用し、同時にそれを自己の封建的支配の権威化の範囲にとどめ、古代中国儒教の精華である「人民の革命権」を正面に掲げた天命論を敵視・否定したことも重大な問題です。ここにはこの時代の武家政権が、当然ながら日本社会の進歩を促進した、古代末期の初期武家階級の進歩性をすでに失っていたという歴史の弁証法が見られます。

古代末期の武家階級は古代中国儒教の「天命論」という、ヨーロッパの民主主義思想と普遍性を共にした、アジア的人民の革命権擁護の思想を日本の空高くなびかせて、歴史的寿命が尽て悪政を重ねていた古代天皇制を正面から打破して、日本中世社会の確立を行った、日本社会の進歩を促進した偉大な側面をもつものと思います。この「天命」の「天」とは、「大誓に、『天の看るは我が民の看るに自(したが)い、天の聴くは我が民の聴くに自う』」(『孟子・下』、小林勝人氏訳註、一四三頁、岩波文庫本、一九八五年、第一四刷)とあるように、国民大衆をさすものです。

これが本場中国儒教の中心的人間・社会観であり、『孟子』の〝仁〟にみるように、政治のあり方論とその使命観をなしていると思いますが、水戸史学の朱子学や、反儒教を旗印にしつつも、その実、儒教に触発されて誕生(大久保正氏著、『江戸時代の国学』、二頁)したと言われている近世国学の、「古学運動」(古学の古は『万葉集』や『記・紀』)の最大の特質が、「反天命論」思想にあるのです。すなわち近世～現代の日本「尊皇思想」的儒教とは、古代以来の中国儒教の核心部分、「天命論」思想の否定にたつところに本質があるのです。

この区別を正しく行わずに「儒教は封建思想」とか「時代遅れ」と、まずはじめに断定する思想・

考え方は、「入欧脱亜」式「文明開化」論者に典型的に見られる傾向ですが、これは自分達の祖先の偉大な社会進歩の闘いを評価しない立場であって、したがって古代中国文化否定にたつ尊皇派が、アジア侵略から第二次大戦の放火と敗北という大失態を演じたのみならず、こうした「進歩派」が日本ではかばかしい成果を上げ得ないのは、立派な理由があるということになります。

さて、日本的「天命論」の壮挙に関しても、皇国史観の大先輩に岩崎允胤氏が数える北畠近房でさえもが、「皇国史観」史学で著名なその著『神皇正統記』で、北条氏等の「天命論」を高く評価して、人の世には天皇よりも上位の価値観として、「人民の生活の安寧と社会の平和の確保」があり、この主張に逆らって民・下々の生活の安心や生産の確保と発展をないがしろにして、一部支配者の栄華に溺れた天皇・上皇が、結局は島流し等の憂き目をみたのは当然である、といっているのです。

つまりは人間社会でもっとも重要なものは、したがって政治の要諦は、生産にたずさわる国民大衆の生活の向上・発展の重視と社会の平和の確保であって、これをなしえず、あまつさえ自己の享楽（金もうけ第一主義等）にかまけるよう支配者は、国民によって打倒されて然るべし、という思想とそれにたった社会の変革は、世界のどこにもちだしても恥ずかしくない、誇るべき日本と東アジア文明の人民主義的思想・文化に通じるものでしょう。しかも当時の武家階級は、中世初期のキリスト教徒が、古代ギリシャ等の民主主義的文化遺産の大規模な破壊と虐殺を行ったような愚行は全くありません。

しかし、近代日本で、天命論と北条・足利の日本史的役割を評価する人は、明治時代の山路愛山氏（『足利尊氏』、岩波文庫）等のごく少々の人々です。この背後に明治以降の「天皇絶対主義」の確立と、〝北条・足利国賊論〟が一方にはあり、対するに「自由民権運動」の名がしめす、「文明開化」思想にたった欧米民主主義からの「民主主義論」があると思います。ここにはその双方が東アジアと日本の、形としてはヨーロッパと異なる進歩思想を否定する点に、特質があることが浮かびあがってきます。「東アジアの古代以来の文明無価値論」です。

北条・足利による古代天皇制の打破こそは、日本がアジアで唯一つ資本主義体制をまがりなりにも確立する、体制的前提の創設でしょう。これに対してアジア諸国が欧米列強に植民地化された現実をみれば、武家政権の確立と日本中世の開始の意義は明らかかと思います。同時に今日のヨーロッパ諸国民は、古代ギリシャ・ローマを自分の古代文明のように扱いますが、しかし、彼らの古代文明は氏族社会的文化――原始共産主義社会とその文化であって、これがヨーロッパの民主主義に大きな役割をはたしたとはおもいますが、しかし一民族一国家で原始・古代・中世・近世・現代（資本主義）を全部そろえているものは、日本本土と沖縄のみです。

こうみてくれば古代末期の武家階級の日本史の進歩を促進した闘いを、尊皇派は「国賊」と叫び、近代天皇制批判派は一つはヨーロッパ的な歴史の発展の姿を絶対的基準とする考えから、〝武家階級は封建勢力〟としてヨーロッパとは独自性のある日本史を、弁証法的に考えず、この偉大な進歩とその思想を「相手にせず、評価せず」という態度です。はたしてこれに正当性があるか、疑問です。「万世一系論者」は今日、日本の資本主義擁護をかかげていますが、そもそもこれの日本史的前提を構築したものは、何よりも古代天皇制体制を打破した武家階級でしょう。

歴史とは発展的な連鎖です。その過程には今日をあらしめるその時々の特質と役割があるのであって、これを正しく見ず、自分の時代の狭い都合を歴史の上において、おこがましくも今日の自分達をあらしめたものを「国賊」という態度は、浅ましいという他はありません。ここに今日の日本の為政者の「万世一系論」とその文化が、「事実よりも自己の都合を上におく」という性格が示されています。

しかし、この点、近代天皇制批判派も日本史の弁証法的発展と、それを促進した東アジアの思想や文化の、日本史的やくわりも意義もみず、口を開けばヨーロッパの民主主義文化云々だけでは、日本人としてはたして如何なのでしょうか。こうして東アジア文明を無視・軽視するものは、結局は自分の民族の真実の歴史を歪め、志は正しい場合でさえも自分の民族と文化を踏まえつつ、その進路を日本人の共感のなかで語れないという結果になりかねないとおもいます。

それだけではなく近代天皇制批判派のこうした、古代以来の東アジア文明の価値や意義を視野におかない態度は、「万世一系論者」の中国正史類等への道理のない攻撃に、絶好の温床となって自己にはねかえってきたと考えます。もちろん逆ブレは「過ぎたるは及ばざるがごとし」ですが……。もっともいまの姿は逆ブレの心配からほど遠いと思いますが……。

さてヨーロッパの近世以降の町人等と違い、わが国の上層の町人等がなぜ「国学的尊皇思想」を支持したか、という問題の解明が求められます。国学は、その誕生の時以来、農民一揆の敵対者として登場し、「寛政二（一七九〇）年の満願寺庄屋リコール運動や、文政一一（一八二八）年の一揆の鎮圧につとめた（越後新津の大庄屋の）桂誉正、誉重親子は、……その体験にもとづいて『世継草摘分』で、『……先以朝廷ニ於テ人民ノ神習ノ事ヲ深ク厚ク大御心ニ掛ケサセ玉ヘバ、此大御心ヲ心トシテ、諸有司ヨリ国守、郡司、保長、村主ト伝ヘ伝ヘテ、大御宝ニ教戒シ……神習ハセシモノト見ユ』と言っている。」（芳賀登・松本二之介氏校注、『国学運動の思想』、六六九頁、岩波書店・日本思想大系、一九七一年）

とあるのは、国学とその主張の近代日本での階級的役割を知るうえで重要と思います。

エンゲルスは『空想から科学への社会主義の発展』に「英語版への特別の序文」(一八九二)をつけ、イギリスが近世唯物論の誕生の地でありながら、この唯物論はフランスに中心をうつし、この唯物論こそがフランス大革命と、名高い「人権宣言」を生みだした経緯を指摘し、肝心の近世唯物論の祖国イギリスに関しては、その封建制をささえた大貴族たちが、一五世紀の「バラ戦争」(名門貴族ヨーク家とランカスター家の王位継承戦争)で殺しあってその本家筋等は自滅し、後には、その本流の名を継承するがその実態は、最早ブルジョア的家業で生計をたてる末流貴族しか存在せず、もはやイギリスの新興ブルジョアジーには、打倒すべきフランス的な本格的な貴族階級は存在せず、むしろ生れつつある労働者階級を敵視して、これを抑えるものとして国王崇拝とキリスト教への信心に熱心となり、キリスト教を禁止したフランスのブルジョアジーとは、対照的であった経緯を指摘しています。

国学の信奉者を形成した裕福な町人・豪農層は、幕末にかけて激しさを増した都市貧民や農民一揆に際して、あらかじめ打ち壊しの対象にされるような者たちが多かったという指摘があり、エンゲルスのイギリスのブルジョアジーに関する指摘は、応用問題として日本にも当てはまる面があると思います。とくに重視すべきは、江戸幕府という日本封建制の権力の中枢を打倒する理念の「尊皇攘夷」論に、水戸史学とともに国学がその重要な地位をしめていたところです。つまりは「近代天皇制崇拝論」にたつ「日本論」ですが、これこそは倒幕のみならずグルーが驚嘆した「資産価値」であり、それは為政者が国民をなかば無権利状況におくみごとなイデオロギーというわけです。近代天皇制とは戦前・戦後をとわず、本質的には、そうした思想・理念なのです。

国学の哲学とその性格

『古事記』『日本書紀』絶対主義的思考は、古代ギリシャの民主主義思想や、ヨーロッパ近世の事実にたって真実を探究するという科学的思想を、最大に敵視する中世キリスト教の暗黒の神学と酷似したものです。それは同時に「怪力乱神を語らず」(『論語』)や、「事実求是」が基本の古代中国思想への敵視でもあります。一口でいえば主観主義的観念論です。それを本居宣長の主張でみれば以下のとおりです。

(a)「すべて物の理は、次第に本をおしきわむるときは、いかなるゆゑいかなる理と知るべきにあらねば、陰陽太極無極も不生不滅も、畢竟は無益の弁にして、そのことわりあることなし。ただ天地世間は、人の智にていかなる理とも、いかなる故にしかるともはかりしるべきにあらず。ただ古の伝にしたがふべきこと也。」(講後談」)。

(b)「世の中のよろづの事はみなあやしきを(解き難い謎であるのに、引用者)、これ奇しく妙なる神の御しわざなることをえしらずして、己がおしはかりの理を以ていふはいとをこ(おこがましい、引用者)なり。いかにともしられぬ事を理をもてとかくいふは、から人(中国人)のくせなり。そのいふところの理は、いかさまにもいへばいえる物ぞ。かれ(故に)いにしへのから人(古代中国人)のいひおける理、後世にいたりてひがごとなることのあらはれたる事おほし。また、ついに理のはかりがたき事にあへば、これを天といひてのがるる、みな神ある事をしらざるゆゑなり。」(『玉勝間』)。

といったものです。近代日本の天皇制讃美、これを支える通説の「日本古代史学」の哲学的性格は、これにつきると思います。これではヨーロッパの近代的哲学の主要な成果、つまりそれは中世キリスト教的な観念論や主観主義的観念論との死闘を通じて、その科学的世界観と民主主義思想を鍛えあげたのとははなはだ対照的です。日本社会において「民主主義」の根幹が、「事実の重視・理性の擁護にある」ということがほとんど自覚されず、戦前はいうまでもなく、戦後もとくに昨今、日本のマスコミの報道姿勢は「大本営発表」式の、日本を破局に導いた歴史の教訓など、どこふく風か式であります。

これは近代天皇制への正しい批判を確立し得ていない問題と深く結びつく、結局、一国の社会の真の進歩は外国の物真似式では駄目で、民族の真の歴史に根ざした〝自力更生〟に立ったものでなければならないということと思います。こうしてこの日本的「否定の否定」、すなわち『古事記』『日本書紀』と古代天皇制の復権と神聖化、つまりは「ヤマト朝廷一元史観」を絶対化する「日本史観」が、民族的装いをもって生み出されたのですが、それは同時に『記・紀』の伝える「日本史」とは両立の余地のない、古代中国・朝鮮諸王朝の正史類等の記す日本史との対立と、その否定を必然的なものにしました。

二　尊皇日本史批判の系譜

以上のような「日本史的・否定の否定」として、「尊皇日本史論とその文化論」が生起してきたのですが、幸いなことにこれへの批判的見地と思想の系譜もまた存在するのです。その第一は、新井白石の痛烈な指摘があります。

「水戸にて出来候本朝史などは、定《さだめ》て国史の訛《あやまり》を御正し候事とこそ頼もしく存候に、水戸史館衆と往来し候て見候へば、むかしの事は日本紀（日本書紀、引用者）続日本紀等に打任せられ候体に候。それにては中々本朝の事実はふっと（まったく）すまぬ（解決しない）事と、僻見にや候やらむ（ゆがんだ見方ではないかと）、老朽（老生）などは存じ候。

本朝にこそ書もすくなく候へども、後漢書以来異朝の書に本朝の事しるし候事共、いかにも〳〵事実多く候。それをばこなた（日本側・水戸史学）不吟味にて（検討せず）、かく異朝の書の懸聞之訛り（見聞の誤り）と申しやぶり、又は、三韓は四百余年本朝の外藩にて、それに見へ候事にも、よき見合せ候とも（よい資料があっても）、右の如くやぶりすて候。本朝、国史〳〵（日本書紀、日本書紀）とのみ申す事に候。まずは本朝の始末、大かた夢中に夢を説き候やうの事に候。」（傍線は引用者）。

これは新井白石の最晩年の見地で、死去の一年前の正月二日に仙台藩の佐久間洞巌に送った私信（『新井白石全集』第五巻、「白石先生手簡、佐久間洞巌書」、五一八頁、印刷者・本間季男、明治三九年、「非売品」）の一節です。白石は若い時代から日本古代史に関心をしめし、色々と著書があり引用されていますが、最晩年には「邪馬壹（一）国、九州説」に態度を変更し、『史疑』を執筆しながら未完に終わったと云われています。引用部分はまさに近世尊皇史学を継承する、明治以降の日本古代史学の本質をみごとに看破しています。

すなわち明治以降は一流大学の日本古代史学部の著名な学者諸氏の一流出版社から出される、古代中国正史類等をことごとく無視することに通じる「日本古代史論」の基本的見地を、「大かた夢中に夢を説き候やうの事に候。」、すなわち「理性的にはまともに相手にし得ない、タワゴトの類に過ぎない。」と一刀両断にしているわけです。まことに痛烈でしかも正鵠をうがった指摘です。新井白石の『史疑』が未完に終わったことは、日本民族の大きな不幸かも知れません。

次が明治時代です。それは広池千九郎氏編の『日本史学新説』（一八九二＝明治二五年出版）に収録される、今泉定介氏著・「昔九州は独立国にして年号あり」、飯田武卿氏著、「倭と日本は二国たり、卑弥呼は神功皇后に非ず」（国立国家図書館、「近代デジタルライブラリー」、冨川ケイ子氏著、「九州年号・九州王朝説」、古田史学会報・No.65）です。

この飯田武卿氏は東京大学教授で、今泉定介氏は、東京大学出身者です。しかし、これらは「皇国史観」の氾濫に消えたかの如くでした。これらの著書は古代中国正史類の対日交流記を踏まえたものであることは、その表題からも明らかです。次は戦後でその最初は、一九六七年に講談社から出版された、水野裕氏の『日本古代の国家形成』です。

水野氏はこの著の「まえがき」で次のように述べています。「昭和二一年四月、わたくしは蒙彊《もうきょう》から敗残兵として復員してきました。そのときまで、〝万世一系の神聖な天皇〟の赤子として出征し、中隊長や小隊長から、いくたびも、〝天皇陛下の命〟により、わたくしの尊い一つしかない命をあずかったといわれても、別になんの抵抗も感ぜず、戦争だという諦めもあって、命令のままに黙々と死線におもむいていました。

さて山口県の仙崎の港に（敗戦後、復員して、引用者）上陸すると、すでに天皇が神でなく人間だと宣言されたといい、共産党（日本、引用者）の〝天皇制打倒〟のポスターが氾濫していました。わたくしは、なんともいいようのない複雑な気持でした。このときほど、歴史教育の重大性を痛感させられたことはありません。二度と国民を、戦争にかりたてないための正しい日本史教育はどうすればいいか、わたくしはひとり考えつづけました。その結果、日本史の神秘のヴェールを取り除くのは考古学でも民族学でもない。やはり古典（『日本書紀』、『古事記』、引用者）によって、〝万世一系〟の皇統といわれるものは事実どこからか、わが建国はいつ、どのようにしてなされたのか、などの重大な課題を正しく解明することが一番正しい方法なのだと確信するようになったのです。」（傍線は引用者）。これは専門家の「日本史」への疑念の表明であり、その意味で重要な意味があるとおもいます。ただし氏は古代中国正史類の意義を否定されました。ここに氏の限界があったと思います。

この後は古田武彦氏がおられます。これらの系統を流れる基本は古代中国史料等の重視であります。こうした『日本書紀』『古事記』絶対視の日本古代史観と、古代中国史料等への正当な評価の立場とでは、全く相反する日本古代史像が生れてきます。すでに指摘したとおりに『記・紀』絶対派のそれは「万邦無比の国体史」であり、古代中国史料等をも考慮するものは世界の諸国民と同じ、多元的王朝・国家の抗争・交代史の日本古代史です。この日本史では大和朝廷神聖化の歴史的根拠が、消滅するという大きな違いが生じるのです。さらには考古学者では、三角縁神獣鏡・魏・中国鏡説を独自に否定された奥野正男氏（『邪馬台国の鏡――三角縁神獣鏡の謎を解く』、新人物往来社、一九八二年）が、おられることを指摘しておきたいと思います。

この他に『大宰府は日本の首都だった』の著者、内倉武久氏がおられます。

第五章 『日本書紀』『古事記』の実態

『古事記』『日本書紀』については、特に津田氏の「記・紀批判」以降は、はたして信頼にたる史料かという点では、少なからぬ議論があり、「起居注」をはじめ王朝の各部署の記録をもとに、しかも当該王朝の後継王朝の手によって編纂されている、古代中国正史類への評価には見られない不安定な史書であることが明らかにされています。

津田左右吉氏は「記・紀」の最初を、「六世紀頃朝廷の官人が皇室の日本統治を正当化する政治目的をもって造作したもの」といい、井上光貞氏もまた、「たしかに古事記と日本書紀は、六世紀の大和朝廷の宮廷人が自分達の支配を合理化するためにつくりだした政治的所産であって、これ以外に歴史らしい歴史を残してくれなかったのは、日本人にとって不幸なことである」(『日本の歴史・1』、九頁、中公文庫、一九八五年、二四版)と述べています。さらには坂本太郎氏も、その著『六国史』で、「書紀が史実をいかなる程度に現しているか、書紀の記事の史料的価値は如何という問題は、書紀研究の重要な項目であり、人によりその評価はかなりちがう。」(『六国史』、八〇頁)の述べています。

ここに歴史的な自己正当化を目的とした大和朝廷の史書と、史的事実の記録を主眼とした古代中国史書の、根本的な性格のちがいがあります。

したがって江戸時代を代表する知性である新井白石が、「魏志は実録に候。此の如きの所が古学の益ある事にて第一の要に候。日本紀(日本書紀)などは、はるかに後にこしらえて候事故に、大かた一事も尤（もっとも）らしき事は、なき事に候。」（『新井白石全集』、第五巻、「白石先生手簡、佐久間洞巌書」、五三六頁、傍線は引用者）として、その史料的意義を全面的に否定さえしているのも決して不当とは言えないのです。

『記・紀』が、通説史観の学者によってさえも、疑念をもたれるのはなぜかを問えば、次の問題があげられると思います。第一に、大和朝廷にはなぜ八世紀の前半まで『正史』がないのか、という問題です。『古事記』は七一二年、『日本書紀』は七二〇年の成立です。したがって大和朝廷は自分を、〝日本の国家開闢以来の唯一王家〟とその正史で綴っているのですから、それが事実ならばもっと早くに「正史」第一号があるべきでしょう。こう考えるのは当然であって、ここから先の津田氏のように『記・紀』の原本は「六世紀ごろ」とか、「なお帝紀は旧辞とともに元来口伝えに伝えられていたものを六世紀頃に筆録せられて、記紀の史料になったものは、もちろん成書としての帝紀である。」（坂本太郎氏著、『六国史』、六九頁）などの考え方も生れてくるのだと思います。

しかし、こうした従来の『記・紀』への考察の決定的な弱点は、『旧唐書』東夷伝の「日本本土の二国併記と、七世紀後半の王朝交代記」という、決定的な日本史の記録を一切無視してきたところです。『記・紀』の成立の時期が八世紀前半という、不動の事実をもっともよく説明するものは、この『旧唐書』の七世紀後半の王朝交代記です。しかもこれは単に、『記・紀』成立の年代に合理的な説明をあたえるばかりではなく、王朝・国家の成立にとって不可欠の都城・首都・藤原京の出現が六九四年、さらには大宝律令の整備が七〇一年と、古代大和朝廷の本格的な確立期を、もっともよく説明するものです。ここに立つ時に、従来からいろいろ言われてきた『記・紀』編纂の資料という問題も、まったく新しい光のなかであいまいさなく解決されます。

それは『記・紀』の国内資料がどんなものだったかという問題です。それはまずは「一書」群、「或る本」群、「帝紀・旧辞」問題、『風土記』等の地方誌と『記・紀』の記事の、後先問題などとして指摘されています。従来からこれらの問題が考察されてきましたが、ここでも肝心の問題が考察の最初から除外されてきました（ここでは外国資料問題ははぶきます）。

日本人の文字使用はいつからか

それは日本民族の文字使用はいつからかという問題です。通説は六世紀頃としています。しかし、実際は三世紀には立派に行なわれていたのです。それを示すものが『三国志』魏志・倭人伝中の次の文書です。

(1)「正始元年（二四〇）、大守弓遵、建中校尉梯儁《ていしゅん》等を遣わし・詔書・印綬を奉じて倭国に詣《いた》り、倭王に拝仮し、ならびに詔を齎《もたら》し、金帛・錦　・刀・鏡・采物を賜う。倭王、使に因って上表し、詔恩を答謝す。」（傍線は引用者。以下同様）

(2)「その八年（二四七）、太守王頎《おうき》官に到る。倭の女王卑弥呼、狗奴国の男王卑弥弓呼と素より和せず。倭の載斯烏越等を遣わして郡に詣り、相攻撃する状を説く。塞曹掾史《さいそうえんし》張政等を遣わし、因って詔書・黄幢を齎《もたら》し、難升米に拝仮せしめ、檄を為《つく》りてこれを告諭す。」

ここには「倭王、使に因って上表し、詔恩を答謝す」、「因って詔書……を齎し……」と、曖昧さなく「倭国」の文字使用能力とその水準が記されています。「邪馬台国・近畿説」の上田正昭氏も、「弥生時代の外交が『文章』によっておこなわれていたことは、『三国志』の東夷伝倭人の条に『文章・賜遺の物』による交渉を記すのに明らかである。」（『東アジアと海上の道』、一五頁、明石書房、一九九七年）とされ、この文字使用は「帰化人」によるとされています。

しかし、「倭人」の中国交流は周初の時代、約三〇〇〇年も前（『漢書』地理志。王充著、『論衡』の「倭人入朝」記事）からという記録がある以上、「帰化人」説はちがうと考えます。したがって『宋書』倭国伝に転載されている、五世紀の「倭王・武」の上表が堂々たる漢文であることも当然とうなずけます。この事実を見れば『記・紀』編纂の八世紀の前半以前に、幾多の文献資料が存在していた、と考えるのが当り前ということになります。しかし、そうだとすれば「ヤマト朝廷一元史観」にたつと、『古事記』（成立七一二年）『日本書紀』（成立七二〇年）まで、三世紀からは六百年間も「ヤマト朝廷」に正史類が一つもないという事実は、説明がつきません。

「一書」「或本」群とはなにか

ところが指摘したとおりに『日本書紀』には、多くの「一書」や「或本」群が登場しているわけです。これらが『記・紀』成立以前の文字による記録・文章であることは云々の必要もないことです。つまり「万世一系の皇統」論からは『記・紀』成立の以前にも、「ヤマト朝廷」の正史類があるべきにもかかわらずそれはなく、しかも『日本書紀』では本の表題は記されず、「一書」とか「或本」と書かれている文章資料が少なからずあるわけです。いかにも奇々怪々というべきでしょう。

まずはこの「一書」群に関して、「第三に一書の採択がきわめて多い。神代紀では『一書曰』（一書に曰く）として、本文のほかの異伝を採録するが、その数は大八州《おほやしま》の国生みの条で十種、四神出生の章で十一種もある。天武天皇の頃、帝紀・旧辞に異本が数多くあったというのは、こうした神代紀の異説にもっともよくあてはまるのだろう。」（『六国史』、八一頁、傍線は引用者）という指摘があります。同様に「或る本」群もあります。

(1) 「或本に云はく、天皇、二八年歳次甲寅《ほしきのえとらにやどるとし》に崩《かむあが》りましぬといふ。而《しか》るを此《ここ》に二五年歳次辛亥《ほしかのとのゐにやどるとし》に崩りましぬと云へるは、百済本記を取りて文《ふみ》を為《つく》れるなり。其の文に云へらく……又聞く、日本の天皇及び太子《ひつぎのきみ》、皇子《みこ》、倶《とも》に崩薨《かむ》さりましぬといへり。」（「継体紀」、『日本書紀・下』、四六頁）

(2) 「孝徳紀」の孝徳元年の九月の朔の条、天皇への謀叛の条、およびその後の経過に関して、計五カ所に登場（『日本書紀・下』、二七七頁～二七八頁）

(3) また「天智紀」の即位の本文への注（『日本書紀・下』、三六七頁）等がみられます。

問題はその引用の仕方が「一書」または「或本」とだけして、それらの文章を掲載していた書物の名がなぜあげられないのか、なのです。これらの文書は特定の表題のあった書物の一節であることは明らかでしょう。したがって本来、引用に当っては書物の名が記されるべきと思いますが、『日本書紀』の撰者等はこの当然の仕方を嫌い「一書」とか、「或本」という記載を意図的に選択したとしか思えないでしょう。なぜ本来の書物の表題を記さないのか、という問いの前に立てば、答は古田武彦氏がその著『盗まれた神話』（「第五章　盗作の史書」）で指摘されているとおり、「大和朝廷の歴史的正体が明らかになるから」、という以外の答えはありえないでしょう。この見地は『記・紀』の成立は八世紀の初めで、「倭国」の文章能力は三世紀という現実と、この六百年間に「ヤマト朝廷」の正史等の存在は、〃確認されたものとしては一つもない〃という、厳然たる事実から必然的に生れてくる見解で、ここを無視しては、〃事実にたった『記・紀』の研究〃などはあり得ないわけです。

「帝紀・旧辞」の「臣下」の意味

もう一つ、『記・紀』の資料に「帝紀・旧辞」があるとされています。『古事記』（岩波文庫）の「上つ巻、序を并せたり」の、「序第二段、古事記撰録の発端」に記される、「天武の詔」の一節に由来する主張です。この「序を并せたり」は、『古事記』の撰者である太安万侶《おおのやすまろ》の上表文ですから、もっとも信頼性の高い文章です。

そこに「ここに天皇詔《の》りたまいしく、『朕《われ》聞きたまへらく、〃諸家の賷《もた》る（本来は、もたらす）帝紀及び本辞（旧辞）、既に正実に違い、多く虚偽を加う〃といへり。今の時に当たりて其《そ》の失《あやまり》を改めずは、未だ幾年をも経ずしてその旨滅びなむとす。これすなはち、邦家の経緯、王化の鴻基《こうき》なり。故《かれ》これ帝紀を撰録し、旧辞を討覈《とうかく》（調べる）して、偽りを削り実《まこと》を定めて、後葉《のちのよ》に流《つた》へむと欲《おも》ふ」、という『古事記』『日本書紀』編纂の動機となった「天武の詔」が記されています（傍線は引用者）。

これまでの『記・紀』の研究では、「万世一系史観」を絶対として、この「帝紀・旧辞」も「ヤマト朝廷」のものと主張されてきたのです。しかしこの「天武の詔」からは、そうした「帝紀・旧辞」論はでてこないのです。この「詔」の決定的な意義をもつ部分は、〃諸家の帝紀及び本辞（旧辞）〃は「既に正実に違い、多く虚偽を加う〃といへり。」部分の、「既に」の意味です。

これを『旧唐書』の日本本土の二国併記と七世紀後半の王朝交代記を念頭に読めば、この〃既に〃

の意味は明快で、「すでに大和朝廷が新たに成立した今となっては、旧来の諸王家の正史類はもはや時代おくれである。」という意味以外にありえません。

この「詔」の意味するものは、〝大和朝廷に先行した諸王家の正史類を放置すれば、わが大和朝廷の王家としての正当性も、その歴史的根拠も否定される。したがってこれらの諸王家の正史類を集めて利用できるところは利用し、その他は隠滅・破棄して大和朝廷正当化のための新たな正史をつくって、後世に伝えるべきである〟と言っている、という他はない「詔」です。

これに対して「諸家」を臣下というのが、津田左右吉氏をはじめ通説の主張です。しかし臣下の家に伝わる「ヤマト朝廷の帝紀と旧辞」を放置したら、「ヤマト朝廷の歴史的正当性が失われる」というような事態など、あり得ないことは理性にたてば明白なことです。

「諸家臣下論」にたつ津田氏は「諸家の帝紀・旧辞問題」に関して、(1)帝紀・旧辞は朝廷の権威ある者によって、もともとは作られたものであり、天皇家にそれぞれ一本が伝えられていた。(2)その後、朝廷自身によって度々改変がおこなわれ異本が成立して、それが諸家にもながれた。(3)また諸家でも、積極的に造作がおこなわれた。諸家はいろいろの理由により自己の家柄を立派にする等の目的で家系を偽造した。(4)当時、家柄を飾る第一の方法は各自の家を天皇家に結び付けることであるから、これが天皇家の系譜とその旧辞に混乱をもたらした。(5)このほか、帝紀・旧辞が区々であったの五つ(『日本古典の研究・上』、「第四章、記紀の由来・性質、及び二書の差異」、岩波書店、一九六三年)とされています。

しかし、これら戦後の「天武の勅」の理解の基礎をなした、津田氏の見解はなりたちません。第一に、氏は帝紀・旧辞はもともと天皇家でつくられたものとされています。それを当の天皇家で積極的に改作し、それが諸家にも流れたと言われるのですから、こうした異本が天皇家の唯一性を根底から否定する性格を、そもそも持ちえないのは明らかです。

第二は、氏は〝諸家〟たる臣下が帝紀・旧辞を積極的に改作したといわれますが、それが天皇家の唯一性を公然と否定するという性格のものであったとすれば、当時の天皇制は今日のわが国社会よりも、はるかに言論、出版の自由を保障していた社会であったということになるでしょう。〝諸家〟たる臣下の勝手な帝紀・旧辞の改変が、大和朝廷の歴史的正当性を根本的に否定するほどに公然とおこなわれ、しかもそうした改作人の一人も処罰された記録はないのみならず、その得手勝手な改作の帝紀・旧辞を大和朝廷は自己の「正史」編纂のために天皇の詔によって集めた、ということになります。まさに「夢中に夢を説き候ようの」説であります。

だとすればこんな『古事記』『日本書紀』で、日本民族の歴史を考える事自体がまともな学問ではあり得ないことになります。したがって〝諸家〟を正しく諸王家と読んだ場合はもちろん、通説にしたがって「臣下」と読んだ場合でさえも、『記・紀』はそのままでは日本史の資料にはなりえない性格の、すなわち「万世一系の皇統論で日本史を改変・造作した書」でしかないのです。

だからこそ『日本書紀』は、その記述にあたって一方では、「諸王家の帝紀・旧辞」から盗作をしながらも、その出典を隠して「一書に曰く」や「或本」を多用しているのです。そうでなければその出典の書名を当然あげるべきです。こうした性格の書物ですから、「万世一系の皇統論」絶対主義の通説でさえもが、『記・紀』の資料的性格をめぐって「その評価は人によりかなり違う」（坂本太郎氏）

結果になるのです。

『記・紀』編纂の真実をもらす『続日本紀』

『記・紀』の真の性格を端的に物語っているものに、『日本書紀』に次ぐ正史の『続日本紀』があります。それは元明天皇の即位（七〇七年）と、同天皇の和銅元年の改元（七〇八年）の祝賀にかかわる大赦記事です。これも通説はまったく無視しています。『古事記』の太安万侶の上表によれば、「天武の詔」を受けて『古事記』の撰録を、安万侶に命じたのは元明天皇（和銅四年・七一一年）です。したがって元明天皇の七〇八年の、「大赦令」に登場する「国禁の書」は、『記・紀』編纂にかかわるきわめて重要な意味をもつものと考えられるのです。

それは「山沢に亡命し、禁書を挟蔵して、百日首《もう》さぬは、復罪《またつみな》ふこと初の如くせよ。」（元明の和銅元年＝七〇八年。傍線は引用者）です。これと似ていますが「禁書を挟蔵し」が「軍器を挟蔵し」とされているのが、七〇七年の元明天皇の即位を祝した大赦記事です。それは「山沢に亡命し、軍器を挟蔵して、百日首《もう》さぬは、罪なふこと初めの如くせよ。」です。この意味は、「百日以内に自首すれば赦す」というものです。この「大赦令」の年代が七〇七年では『古事記』成立の六年前、七〇八年では五年前、『日本書紀』成立（七二〇年）のはるか前という点に、大きな意味があるのです。

この条の理解にあたって重要と思われる点は、「山沢に亡命し」という罪の量刑と、「禁書を挟蔵」「軍器を挟蔵」という罪の量刑とが著しく不釣り合いだ、というところにあるのです。「亡命」というのは「律の八虐」（国家の支配秩序を犯す犯罪という）の中の第三の「謀逆罪」であって、「国を背きて偽に従《ぐゐ》へむと謀れるをいふ。」というものであって、「刑は死罪（絞斬の二死）」（『律令』、一六頁、岩波書店、「日本思想史大系新装版」、二〇〇一年、第二刷）とあります。なお「賊盗律・四」にも規定があって、「凡そ謀反および大逆せらば、皆斬。」（前掲書・『律令』、八七頁）。類縁は「流刑」とあります。

さて次が「禁書」です。これは「雑令第三〇の八」にありますが、「凡そ秘書（禁止されている書）」とあって列挙されているものは、「玄象の器物、天文図書、占書」に過ぎませんが、「職制律第三の二〇」にも規定があって、それは「玄象の器物（天文観測器材類）」、「天文・図書」「讖書（予言関連書）」「兵書」「七曜暦」「太一雷公式（雷公式＝占い）」「私家不得有（私有を禁止された天文陰陽等の書）」ですが、「違えらば、徒一年（違反は一年の刑）」（『律令』、六九頁）に過ぎません。

「軍器挟蔵」に関しては「軍防令第一七の四四」（同書、三三二頁）にあって、「凡そ私家（一私人）は、鼓鉦《くしょう》（太鼓・軍事用の鐘）、弩《ど》（大弓）、牟《む》（二丈の矛）、矟《さく》（馬上の矛＝一丈二尺）、具装（馬の武装）、大角、小角（つのでできた軍事用のフエ）及び軍幡《ぐんばん》（将軍用の旗）あることを得じ。唯し楽鼓は禁《いさ》むる限りに非ず」という規定です。

つまり「禁書」と「亡命罪」は律令からは結びつかず、さらには「軍器挟蔵」もそれが直ちに「亡命罪」に直結するかは、難しいでしょう。「武器隠匿罪」で「国家反逆罪」と言えるかといえば、たかだか一私人が、軍用の鼓や笛、さては大小の槍の類を持っていたから、弩が幾つかあったから「国家反逆罪だ」と言えるかは、難しいでしょう。したがって「山沢に亡命し、禁書を挟蔵し」、ないしは「山沢に亡命し、軍器を挟蔵し」というのは、「律令」の「禁書」や「軍器挟蔵」罪にはあたらず、これが「国家反逆罪」と直結しうるのは、「諸家の帝紀・旧辞」を隠しもって、武装して大和朝廷の追及を逃れて、〝山野に逃げ隠れ〟している旧勢力の存在でしょう。

この「諸家の帝紀・本辞（旧辞）」こそは、それが残存すれば『日本書紀』『古事記』の正体を赤裸々に明らかにし、「ヤマト朝廷の日本における唯一王家論」を根底的に否定するものであって、大和朝廷が是非、地上から抹殺したいと考えた当のものでしょう。

この「禁書」の一つに、蘇我蝦夷邸で火に投じられ船史恵尺によって拾われたという、「天皇記・国記」もはいる（拙著『墓より都』参照）と考えます。つまり『古事記』『日本書紀』は、先に引用した新井白石が看破したとおりに、真実の日本民族の歴史を大和朝廷という一家族の都合のために歪め偽造した、「日本史造作の史書」（正確には政治的文書）といえるものでしょう。

『古事記』について

津田左右吉氏は『古事記』に関して、「古事記は帝皇日継（天皇の系譜）と先代旧辞（上古の種々の物語）をつなぎ合わせたものであって、……中略……旧辞の内容は天皇及び皇族の、特にその大半は私生活としての、物語であるし、首尾貫通した、また広く天下の形勢や政治上の事件を記録した、国史というべきものでない」（『日本古典の研究・上』、六八頁）としています。問題は、何故こんな「天皇及び皇族の、特にその大半は私生活史書」という、真の「正史」の体裁さえも備えていないものを、『日本書紀』以前に作る必要があったのかが問題ですが、この謎は「都城なきヤマト朝廷」時代を想起すれば、その思惑の輪郭がおぼろげに浮かんでくると思います。「皇帝日継」の造作です。

「諸家」の実体

真実の日本史において「ヤマト朝廷」に先立って、「倭国」・卑弥呼の王朝・国家が太宰府を都城・首都として存在していた事は、文献的実証的に否定しえないところです。問題は、その他の「帝紀・旧辞」をそなえた〝王家〟です。

出雲の国

これはいろいろと考察しうるのですが、ここでは「出雲大社の神々の御神座が〝西向き〟」という点と、この大社で最上位の神が筑紫の神であったという点を述べます。それは「大社の古記録によれば、宝治二年（一二四八）の造営時の『杵築大社御正殿日記目録』を見ると、右の三摂社の順序は筑紫社、御向社、雨崎社（今日いう天前社）となっており、元禄の頃の大社上官佐草自清の『自清公随筆』にも筑紫社、御向社、天前社となっている。こうして御本殿に向かって左、大社でいえば西方の筑紫社が、常に一位に置かれているのである。社殿の基礎工事や建築を見ても、筑紫社のそれは他の二社のそれと異なり、一段と丁重である……」（出雲大社宮司・千家尊統氏著、『出雲大社』、一三五頁、学生社、二〇〇二年、第二版）という指摘とともに、「……御神座は西向きである。したがって普通の参拝者は神様を側面から拝んでいるのである。」（同書、一五九頁）という指摘です。

千家氏は同書で学者諸氏の「西向き」理解の説を述べておられますが、一番筋が通っているのはやはり千家氏の説明です。それは、「御神座の東向きとなるのを避けて、どうして西向きであるようにしつらえたのか、それには出雲族と、西方九州方面との関係を考えなければならないだろう。御祭神と海との関係、むすびつきをみなければならないとおもう……」という指摘です。

通説では出雲大社の上位のものは「ヤマト朝廷」としています。ところがこの出雲大社は、志賀の島の「海神神社」や、大分県の「宇佐八幡神社」という「倭国」の大社同様、あるいはそれ以上に極めて古い歴史をもっています。つまりは「出雲大社」の「御神座」が通説にとって肝心要の「東」・近畿大和に尻をむけ、顔を太宰府に向け「西の筑紫社が常に第一位におかれている。」という事実は、隠しても隠しても隠しきれない日本史の真実を、「黙々」と示しているのです。

それは『記・紀』の神話の「国ゆずりの説話」は、北九州の「豊葦原の千秋長五百秋の瑞穂の国」、「豊葦原の中国」、すなわち水田稲作の適地をめぐる、いまから約三〇〇〇年以上前の安曇族と出雲族の争いを記したものだからです。『記・紀』の神話を偽造の説話などという者は、日本人の真の歴史に自ら目をとざす者です。この神話はもともとは「倭国」・安曇族や出雲族の神話で、これが安曇族の水田稲作の地を求めての「東進」によって、「日本神話」に転化したものです。大和朝廷は八世紀に自家正当化のために「倭国」や出雲部族の神話等を、「一書に曰く」と盗作形式をとり、日本民族の偉大な文化遺産をゆがめたのです。

したがって「出雲神話」等の記載は、明らかに出雲独自の伝承とまた古代「倭国」の関係という、「ヤマト朝廷」とは全く独自の伝承によるものというのが正しい「日本史」と思います。

箱根の東の「大王」——上毛君

1 八世紀初頭 遣唐使の語る「日本の国境」

通説が国民に深く沈黙している問題に、『旧唐書』日本国伝に記録されている八世紀初頭に遣唐使が唐朝に述べた、「日本の国境」という問題があるのです。

(1) 「その国の界《さかい》、東西南北各々数千里あり、西界南界は咸《み》な大海に至り、東界北界は大山ありて限りをなし、山外は即ち毛人の国なりと。」(『旧唐書』日本国伝。粟田真人等が述べた「日本国の国境」、傍線は引用者)

(2) 「昔より祖禰躬ら甲冑を擐き、山川を跋渉し、寧処に遑あらず、東は毛人を征すること五十五国、西は衆夷を服すること六十六国、渡りて海北を平ぐること九十五国」(『宋書』倭国伝中の「倭王武の上表」、傍線は引用者)

(2)は「実証主義」を掲げた戦後の通説が近畿大和を中心に東は蝦夷、西は熊襲と称して、ヤマト朝廷の「五世紀の日本統一」を示すものと歪曲してきた、『宋書』倭国伝の一節であり、(1)は通説が国民に語っていない、『旧唐書』日本国伝にある八世紀初頭の「日本の国境」記事です。こうした重大な記録をいっさい国民に語らない態度は、通説が「国民主権の社会」の歴史学ではなく、ある特定の意図にそって国民の意識を歪めようとしていることを物語るものと考えます。

では、これらの記事に根拠があるのか、ということから述べます。まず管見では(1)と(2)は同じ日本本土の領域をさし、(2)は北九州太宰府にたって東西を述べたものです。その動かし得ない根拠は、朝鮮半島を「渡りて海北」と述べている点です。近畿地方から朝鮮半島は「渡りて海西」です。さて(1)は(2)と同じ領域を近畿を中心に述べたもので、「倭国」滅亡以後には、西を「大海に至る」というのは、国土論としては正当です。

したがって(1)の「東界北界は大山ありて限りをなし、山外は即ち毛人の国なりと。」とは、どこを指すか、です。これを考えるにあたって、まず通説の興味深い研究を紹介します。図1は、上田正昭氏が作成された「五世紀の県《あがた》および県主《あがたぬし》」の全国的な分布表（『日本古代国家成立史の研究』、上田正昭氏著、一三七頁、「第一図」、青木書店、一九八二年初版。）です。上田氏は「縣《あがた》の範囲と内容」（『日本古代国家成立史の研究』、一三三頁。なお縣は以後、県とする）で、「『延喜式』までの古文書にみえる県ないし県主の実態よりみつめよう。」と、『記・紀』『続日本紀』『三代実録』等

図1　上田正照氏作成図

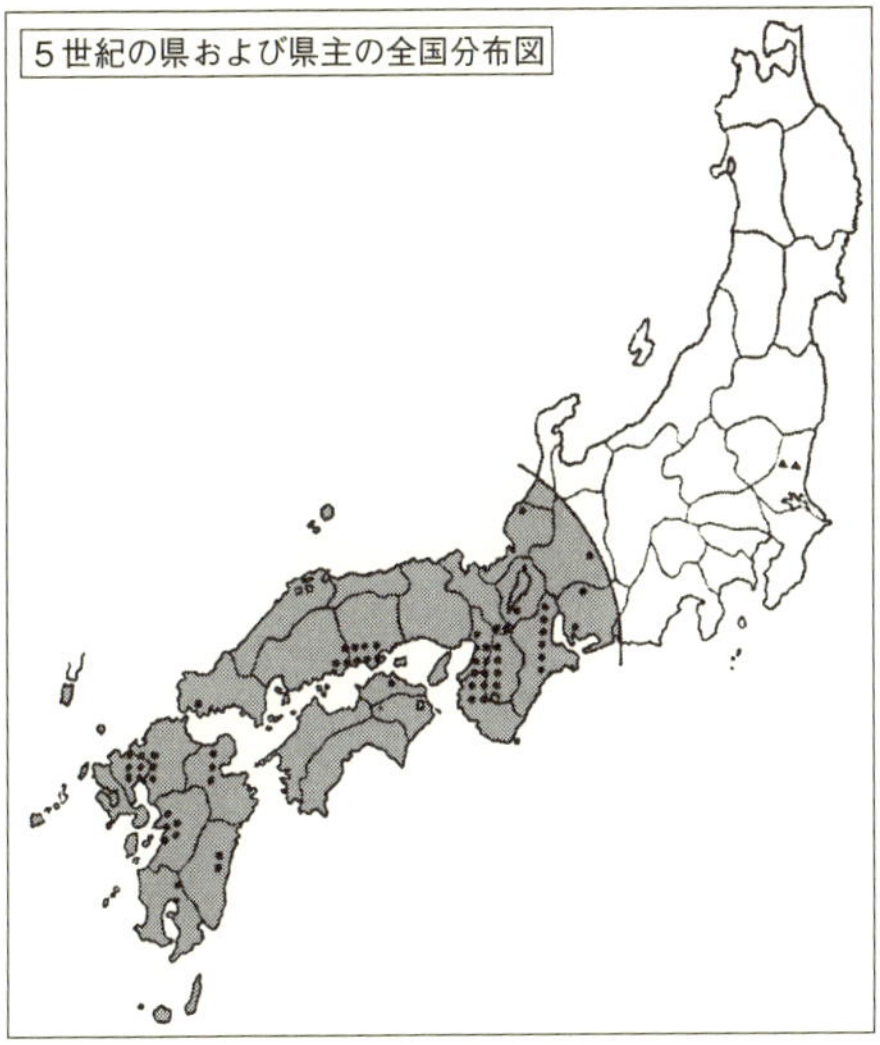

図2　青木和夫氏作成図

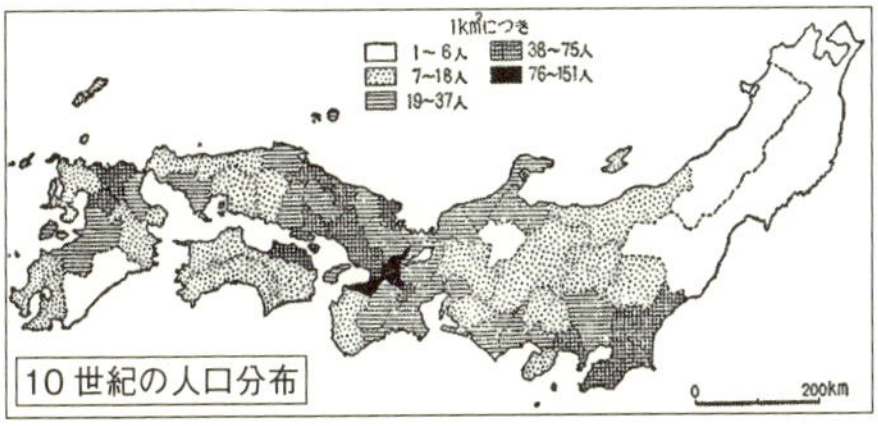

の諸文献に登場する「県」を、「倭・畿内」（傍線は引用者）「東海道」「東山道」「山陰道」「北陸道」「山陽道」「南海道」「西海道」「その他」の地域に区分されて、その地域ごとの「県」の頻度がそれぞれ数字で示されています。

その第一位は九州・「西海道」の〝二十三〟で、次の「畿内」は『日本書紀』の神武紀さえも計算に入れて〝十八〟で、九州が「畿内」を五つも上まわっています。氏は「県および県主」の全国的分布を、「東限を尾張、美濃より北陸道の三国までとし、西日本に濃密にみられる」（前掲書、一三六頁。傍線は引用者、次も同じ）といわれ、その理由を「東国経営が五世紀に入ってよりさかんになるのに対して、西日本に県の集中するのは、五世紀以前のヤマト王権の拡大経過を反映すると思われる。」といわれています。

さて氏のこの表は、「県主」の分布表としては意義のある研究とおもいますが、その日本史観は全く逆であって「倭国」の制度が、五世紀には近畿におよんでいたことを示すものです。それを語るものが先の(2)の倭王武の上表です。すなわち『宋書』倭国伝の「東・西・毛人」記載を筑紫を原点にして見た場合と、上田正昭氏作成の「県の分布図」はもっとも合理的にピッタリ合致していることが判明します。同時にこれが、粟田真人等が唐でのべた八世紀初頭の「日本の国界」です。なおこの上田氏の**図1**は、先の「北九州〜浜名湖線」（八三頁参照）の稲作適地部分と「県主」の分布とが照応している点をも示しています。すなわち水田稲作東進の歴史を物語るものです。

次にこの見地をさらに証明するものとして、**図2**にかかげた青木和夫氏の研究をあげることができると考えます。「十世紀の人口分布」です。これは「平安初期の弘仁式や延喜式に規定されている各国別の出挙稲《すいことう》、つまり稲の強制貸し付け額をもとにして、その額にみあう各国別の人口を推計したもの」（青木和夫氏著、『日本の歴史・3』、一八頁、中公文庫、一九八六年、二二版）です。

この図では「陸奥・出羽・飛騨・日向」の人口が空白地です。これに関して青木氏は、「蝦夷・隼人が……中略……久しく大和の朝廷に抵抗していた……」（一九頁）ことをあげておられます。すなわち一〇世紀においてさえ東北はひろく「毛人の国」なのです。まさに『旧唐書』日本国伝の遣唐使がいう、「毛人」の国に該当しましょう。ただし、これは一〇世紀の姿です。では八世紀の初頭はどうであっただろうか。これを考える上で参考になるのが、さきの上田正昭氏の研究です。

2　埼玉県・稲荷山古墳の鉄剣黄金銘文

以上の考察を実証するものとして、埼玉県の県教育委員会の調査団によって一九六八年に発掘された、武蔵稲荷山古墳出土の鉄剣に刻まれていた、黄金碑文の発見（一九七八年）と解読が提起している問題があります。この黄金銘文は鉄剣の「表裏」に記され、その表に「辛亥年七月中記す。」とあり、これについて四七一年説と五三一年説があります。理論的には五九一年論も可能です。通説は四七一年説にたっていますが、その根拠は不明ですが、この鉄剣を雄略天皇に捧げたものと解釈するためと考えられます。

この銘文を考えるうえで重要なことは、この鉄剣と銘文は『記・紀』成立のはるか以前の金石文だという点です。すなわちこの銘文は日本史の資料としては、『古事記』『日本書紀』よりも上位の資料であって、『記・紀』によってこの銘文を解釈する態度は、科学的歴史学では断じて採用しえないものであり、この銘文によって『記・紀』を検証すべきものだということです。すなわちヨーロッパの歴史学がいう「歴史は書きかえられる」という問題に該当する、重大な出土物だという点です。

しかも黄金碑文の解読問題をめぐっては、通説の態度は成立しないという優れた指摘が、古田武彦氏の著『古代は輝いていたII』（朝日新聞社、一九八五年、第一刷）で行なわれています。通説の解読では大王名を「ワカタケル」と読んで雄略天皇に当て、また「大王」の役所が「斯鬼宮」とあることから、近畿・大和の磯城に当てこの鉄剣は、雄略天皇に捧げられたもと主張して、「五世紀のヤマト朝廷の日本統一」を実証したものというのです。しかしこうした解読は日本語文法、ならびに「記・紀」の宮名の記載に照らして成立しない、という点に問題があるわけです。

この解読をめぐる問題の部分は鉄剣の裏面で、通説では「……其の児の名、ヲワケノオミ、世々、杖刀人首《じょうとうじんしゅ》と為《なり》て、事《つか》え奉り来たりて、今に至り、獲加多支鹵《わかたける》大王の寺（役所）斯鬼宮《しきみや》に在る時、吾天下を佐治す。この百錬の利刀を作らしめ、吾が事え奉る根原を記す也。」と読んで、「大王」名を「ワカタケル」としこれを雄略天皇に当て、「大王の寺」が「シキミヤ」にあるということから、大和のシキに当てるわけです。

こうした「読みと理解」では、少なくとも三点ののっぴきならない矛盾をかかえることになるのです。第一に「大王の名」を「ワカタケル」と読むのは、日本語文法に反するという、初歩的というか基本的矛盾があるという点です。こうした埋葬用の鉄剣には正規の名が記されるはずですが、「ワカタケル」では人名でさえもないということです。「ワカタケル」とは「ワカ」（若い）と「タケル」（強者、猛者」をくっつけたものに過ぎず、「若い英雄」「若い猛者」というような意味で、「若い英雄大王」

では名にならないことは明らかでしょう。そもそも「若い強者」ではどこの「若い強者」か分からないでしょう。「タケル」が人名であるためには、「タケル」の前に地名か部族名がなければなりません。例えば周知の「クマソのタケル」「イズモのタケル」等です。

にもかかわらず通説が「ワカタケル」と読む理由は、この大王を雄略天皇に当てようという魂胆からですが、雄略の名は「大泊瀬幼武《おおはつせのわかたけ》」と、きちんと「大泊瀬」という地名がついています。古田氏は「大王名」に「カタシロ」を提唱されています。いずれにせよ「ワカタケル」では人名にはなり得ず、「読み」にはなっていないということです。

第二の問題は「大王の寺（役所）」の所在地名問題です。通説は「シキ」を「近畿大和のシキ」にあてるのですが、これもまた『日本書紀』『古事記』の、「天皇の宮名」（宮号）に照らして成立しないという点です。まずは「ヤマト朝廷」の宮名に「シキミヤ」などという宮は、存在していないという問題を通説が無視するところです。先述（六六頁）のとおり「崇神天皇は磯城の瑞籬宮」、「欽明天皇は磯城島の金刺宮」であって、たとえ磯城に宮があっても「シキミヤ」という宮名ではないのです。しかも「雄略天皇」の宮名は、「泊瀬の朝倉宮」です。この面からも通説の「シキミヤ」論には正当な根拠はまったくないわけです。

古田氏は、この古墳から約二〇キロメートルの地点に、「明治一二年建碑の『大前神社、其の先、磯城宮と号す』という石碑（栃木県藤岡町）が現存している」と写真入りで紹介されています（前掲書、二九九頁）。そもそも「シキ」という地名は、大和地方のみのものではなく関東に今日も志木があります。こうした日本語の文法や、「記・紀」の「天皇の宮名」の事実をさえも無視して、「ワカタケル大王＝

雄略説」を一致して主張して、これへの根拠ある正当な批判を一切無視する理由は、「ヤマト朝廷一国史観」擁護の都合からとおもわれるのですが、こうした通説の姿は学問とはいえないとおもいますが、如何でしょうか。

さらに通説が「獲加多支鹵《わかたける》大王の寺、斯鬼宮に在る時、吾天下を佐治す。」と読むなかの、「吾天下を佐治す。」部分の理解と、『記・紀』の記載の矛盾という問題があるのです。

古田氏はこれを「佐治天下」という中国古典の重要な命題と指摘され、比較の一例に「魏志」倭人伝中の、「有男弟、佐治国」（男弟有り、佐《たす》て国を治む）を上げられて、通説の主張は成立しないことを指摘されています。この鉄剣の奉納者である「乎獲居臣《おわけのおみ》」という、当時の関東の人物が、自分は「カタシロ大王の時代、佐《たす》て天下を治す。」と鉄剣に刻んでいるのであって、もしこれを「雄略天皇」にあてる通説の立場に立てば、関東の「ヲワケノオミ」が五世紀、「雄略天皇」に代わって「佐治天下」（天下を治める）したことを認めなければならない、という問題です。『日本書紀』『古事記』にはそんな記述は、いうまでもなくありません。

一方、埋葬用の鉄剣にウソを刻む人間などは存在せず、こうした出土物を学者や学説の都合で、恣意的に解釈する自由にまかせるとすれば、歴史学の実証主義は存在の余地はなくなります。この背後には「事実にもとづいて真実を探究する」という、ヨーロッパ的には近世以降の「自由と民主主義」の基礎をなす考え方、古代中国的には「怪力乱神を語らず」「事実求是」という、理性にたって事実を明らかにする考え方を否定する、『聖書』の神話を絶対とするにひとしい理性の否定しかないと思います。

ここに憲法第一条の象徴天皇制なる規定をもつ現代日本の「歴史学」の、世界の歴史学とは正反対の〝あさましい〟という他はない姿が、万人のまえに示されているわけです。

第一に『記・紀』成立以前の金石文を世界の歴史学の当然の理性的姿に反して、それより後の「大和朝廷の正史」の記述にあわせようとする「逆立ち」した姿です。これはシンデレラのガラスの靴を、自分の娘の足にあわせようという継母の姿に似ていると思います。第二に日本民族の言葉の法則さえも無視するという反民族的姿勢。第三にその肝心の『日本書紀』の記述さえも蹂躙するという、デッチ上げで無実のものを有罪にする検察や裁判官の姿そのままが、「万世一系の天皇制」なる日本史学の姿だ、という点です。ここで世界の歴史学の当り前の仕方・理性にたつ姿をとれば、その瞬間に「万世一系の天皇制」なる憲法第一条的・国定日本古代史は崩壊するのです。

この通説の姿を考古学者の奥野正男氏も、また痛烈に批判（『鉄の古代史・2』、二七六頁、白水社、一九九四年）しておられます。ついでにいえば「日本《やまと》のタケル」などは偽造である点を指摘しておきたいと思います。理由は、そもそもは部族名か地名が姓につながるのであって、統一国家名にタケルをくっつけるなどは、部族社会にはあり得ないものだからです。

以上の考察からは、この鉄剣銘文は関東に「倭国」とも、ヤマト朝廷とも異なる政治勢力が存在したことを示すもの、としなければならないと思います。これは五世紀の「倭王・武」の上表の「倭国」の領域記述、および八世紀初頭の大和朝廷とその遣唐使等の「国界」説明と、見事に照応したものとなっていると思います。こうして箱根という「大山」の東には、八世紀初頭以前には「倭国」とも大和朝廷とも異なる、「大王」と鉄剣銘文に記される勢力が存在していたわけです。

3 「上毛君」小熊および形名

さて『日本書紀』安閑紀に「上毛野君小熊」、舒明紀に「上毛君形名」という人物が登場しています。この上毛野君は『日本書紀』崇神紀の「四八年」に、崇神の息子の豊城命をして関東を治めさせたとして、これを「上毛野君、下毛野君の始祖」(同書二五〇頁)とし、通説はこの立場です。しかし、まずこれは信頼できません。

それは「継体紀」の有名な「磐井の乱」で、「倭国王」を筑紫国造と呼び、かつ『日本書紀』孝元紀にはこの筑紫国造磐井を、孝元の息子大彦命の後としています。こうした記述がまったく無根拠なものであることは、戦後の通説でさえもが神武の後の綏靖~開化までを「闕史八代」と称して、「そもそも存在しない天皇」といっているのですから、『記・紀』のこうした記述のどこまでが真実で、どこからは信じられるかという通説のお得意の『記・紀』論は、そもそも問題になりません。

現に上毛野君小熊に関して『日本書紀』安閑紀では、「武蔵国造笠原直《あたひ》使主《おみ》と同族小杵《おき》と、国造を相争ひて(小杵)……密かに就《ゆ》きて援《たす》を上毛野君小熊に求む。」とあり、使主はあわてて「ヤマト朝廷」に直訴して、「朝廷は小杵を殺した」というお話が記されています。しかしこの『日本書紀』の記事には無理と不可解があります。

第一に、「ヤマト朝廷」が存在したとすれば、小杵は国造の任命権をもつ「ヤマト朝廷」に判断を求めるのが筋です。『紀』では小杵が根性がねじ曲がっている等としていますが、任命権もない小熊のところに駆け込むのは奇妙です。さらに上毛君小熊についても説明がありません。現に小熊も形名についても「他に見えず」(小熊は五四頁、上段の注九)とあります。

だがしかしこの記事は、この時代「上毛野君小熊」が国造の任命権者だったとすれば筋はとおるのです。ではこの見地に成立の余地があるかです。『日本書紀・下』の「補注18―六」（五四八頁）に興味深い指摘があります。それによると笠原直の「笠原は、和名抄に武蔵国埼玉郡笠原郷（今、埼玉県鴻巣市付近）。津田左右吉は当時の武蔵国造が笠原という氏であること自体がおかしいから、この記事は事実ではないとしている。一方、笠原郷付近、行田市にある武蔵最大の埼玉古墳群が、六世紀以降それまで大規模であった多摩川中流域の古墳群に代わって築造されたと考えられるところから、笠原直とこの古墳群との関係を想定する説もある。」とあります。上毛野君小熊や形名にかかわる伝承は、以上の考察からは大和朝廷の伝承ではなく、関東独自の何らかの「帝紀・旧辞」を考えるのが自然です。この「上毛君」にかかわる『日本書紀』の記事は、「ヤマト朝廷」のものと考えにくいところは、舒明紀の次の記事にも顕著です。

「（舒明九年）、是歳、蝦夷叛きて朝《まう》でず。即ち大仁上毛野君形名を拝《め》して、将軍として討たしむ。還《かへ》りて——逆に——蝦夷の為に敗《う》たれて、走《に》げて塁《そこ》（砦）に入る。遂《つひ》に賊《あた》の為に囲まる。軍衆《いくさのひとびと》悉《ことごとく》に漏《う》せて城空《きむな》し。将軍迷《まど》ひて所如知《せむすべ》らず。時に日暮れぬ。垣を踰《こえ》て逃げむとす。爰《ここ》に方名君の妻歎きて曰はく、『慷《うれた》（なげかわしい）きかな、蝦夷の為に殺されむとすること』といふ。則《すなは》ち、夫に謂《かた》りて曰はく、『汝《いまし》が祖等、蒼海を渡り、万里を跨《あふどこ》びて、水表の政《まつりごと》を平《ことむ》けて、威武を以て後葉《のちのよ》に伝えたり。今汝頓《ひたぶる》に先祖が名を屈《くじ》かば、必ず後世の為に嗤《わら》はれむ。』といふ。乃《すなは》ち酒を酌《くみ》て、強いて夫に飲ましむ。

而《しこう》（そう）して、親から夫の劒を佩《は》（つるす）き、十の弓を張りて女人数十人に令《のりごと》（命令）して弦を鳴らさしむ。既にして夫更に起《た》ちて、仗《つはもの》（武器）を取りて進む。蝦夷以為《おも》はく、軍衆猶《なお》多しなりとおもひて、稍《ようやく》に引き退く。是《ここ》に、散《あら》けたる卒《いくさ》更に聚《つど》ひて、……蝦夷を撃ちて大いに敗《やぶ》りて、悉《ことごとく》に虜にす。」（『日本書紀・下』、二三二頁）。

この興味深い記事にもかかわらず、同書の上段の註「二」では形名に関して「他に見えず」とあります。この説話で将軍の妻や女人十数人が登場しますが、朝廷の命で討伐に出かけている軍に、その指揮官の妻や女性群がいるというのは疑問です。むしろこの「上毛君形名」等が、部族的移動をしている場合には「女子供同伴」ですから、その移動中に敵方部族と遭遇して、その指揮官が弱気になったような場合、例えばタキトゥスの有名な『ゲルマーニア』で、ローマ軍と遭遇して敗色濃いゲルマン部族が女性群の叱咤激励に奮起して、反撃に転じる例が多いことが記されている点に照らせば、なんらかの事実にたった記事がもとではないかと思います。したがって当然、「ヤマト朝廷」の記録ではなく、「大王・上毛君」の伝承の可能性が非常に高いと思います。

4　武内宿禰～蘇我氏問題

さて、最後に「諸家の帝紀・旧辞」に武内宿禰～蘇我の系列がかかわると考えられるのですが、これは先述のとおり拙著、『墓より都』を参照していただきたいとおもいます。以上で「諸家」への考察を終わります。

第六章 〝日本古代史学〟の真の姿

以上、日本史、とりわけ日本古代史は、明治以降の支配層の支配の正当化を日本史論の体裁でおこなった、いわばイデオロギー史観だということです。これを戦後、アメリカ帝国主義が対日政策の要として継承し、「象徴天皇制」と称したのが今日の憲法第一条という点を以下にみていきます。

「占領軍の指示」と「象徴天皇制」

さきにも引用しましたが、井上光貞氏は戦後の日本国憲法に関して、「新憲法は、主権は国民にあり、天皇はその統合の象徴であると規定した。ここには、連合軍による指示もあったが、多くの自由主義者（日本の戦前からの支配層、引用者）の声にこたえたものであり、同時にまた、日本の古来の天皇の伝統を発展的にうけついだものといってよかった。」と述べています。この占領軍の「指示」は、一方では「多くの自由主義者の声にこたえたもの」であり、さらには、その特徴は、「日本の古代の天皇の伝統を発展的にうけついだもの」といわれています。この点、きわめて正確な指摘とおもいます。

そもそも「象徴天皇制」の「象徴」とはなにかです。戦後、この問題に本気でとりくまれた研究は、あまり聞こえてきません。戦前に「天皇制反対」をかかげた人々のあいだでも、この「象徴性」に関して特段の見解もないように見受けます。この「象徴」とは、アメリカ占領軍とその政府が「万世一系の皇統論」にはりつけた米語を訳した新語でしょう。

それは戦後のアメリカ占領軍とその政府が、対日政策の要を考えた際に、日本人の天皇崇拝心を利用すべきだとして発案されたものです。それがグルーの次の一節です。「神道崇拝が天皇崇拝を含む以上、将来、軍国主義者によって支配されず、平和を求める統治者（天皇）が皇位につけば、神道は負債というよりも資産となりうると考えることは、私には常識のように思える。

しかし私がこういったからといって、日本の天皇は神であるという神話を維持せよと主張しているわけでは決してない。日本における軍人階級の権力と影響力を永久に排除すれば、日本人の再教育（再教育！、引用者）を通じて、そのような偶像崇拝（天皇を神という思想）は破壊されなければならない。」（中村政則氏著、『象徴天皇制への道』、五三頁。岩波新書、一九八九年、第一刷。傍線は引用者）と述べています。ここに津田左右吉氏の「記・紀批判」が評価された真の背景があるのです。坂本太郎氏がいうとおりに津田説は「戦後、天皇制に対する批判の自由となった勢いに乗じて、この説は俄に学界を風靡し……た。」（『六国史』、一五五頁）わけです。

同時にグルーの「資産論」は、戦後の国際社会はもちろんアメリカ国民にもひろくあった、「天皇制の廃止論」を説得するために考えだされた理屈という面もあります。その一例は、戦後の日本国憲法第一条の「象徴天皇制」の策定に、グルーと共に大きな役割を果したという、マッカーサーの軍事秘書官で対日心理作戦部長、ボナー・フェラーズ准将が一九四五年一〇月二日に、マッカーサーに提出した次の文章の一節によく示されています。

「天皇に対する日本国民の態度は概して理解されていない。キリスト教徒とは異なり、日本国民は魂を通わせる神を持たない。彼らの天皇は、祖先の美徳を伝える民族の生ける象徴であり、天皇は、過ちも不正も侵すはずのない、国家精神の化身である。天皇に対する忠誠は絶対的である。……中略……もしも天皇が戦争犯罪の廉《かど》で裁判に付されるならば、統治機構は崩壊し、全国的反乱が避けられないであろう。国民は、他のいかなる屈辱にも非を鳴らすことなく堪えるであろう。

彼らが武装解除されるにせよ、混乱と流血が起こるであろう。何万人もの民事行政官とともに大規模な派遣軍を必要とするであろう。占領期間は延長され、そうなれば、日本国民を遠ざけてしまうことになろう。」（同書、一六六頁）というものです。これは一つはグルーの「日本人論」と瓜ふたつですが、同時に有名なマッカーサーの当時の米参謀総長アイゼンハワーあての、機密電報（一九四六年一月二五日）にもそっくりでもあります。

この機密電報では知られているとおり、「もしも天皇を裁判に付そうというのであれば、占領計画に大きな変更をくわえなければならず、したがって実際に裁判を開始するに先立って、しかるべき準備を完了しておくべきである。天皇を告発するならば、日本国民のあいだに必ずや大騒乱を引き起し、その影響はどれほど過大視しても、しすぎることはないだろう。天皇は日本国民統合の象徴であり、天皇を廃除するならば、日本は瓦解するだろう。……（また天皇を廃除するならば）占領軍の大幅増強は不可欠となり、最小限にみても百万の軍隊が必要となり、無期限にこれを維持しなければならないだろう。……」（『象徴天皇制への道』、一六九頁）というものです。まさにマッカーサーの極秘電報の文面は、グルーやボナー・フェラーズ等の「天皇観を切り貼りした」感があります。

私は昭和一桁生れです。このマッカーサーの極秘電文やフェラーズ等の「天皇論」を読むと、冷笑が自然と浮かぶのです。それは以下の理由からです。そもそも広島・長崎の原爆被爆、一九四五年三月一〇日の東京大空襲をはじめ、全国的な米軍の無差別爆撃を受け、沖縄本島の戦場化など言語につくせない惨憺たる犠牲や、空襲等で両親をなくして飢える子供達が溢れる世界、また、日本の働き手・男子は戦場に狩りだされて、疲弊する農村や生産、なによりも圧倒的な国民は、「配給制度」等で米の飯がくえないのはもちろん、大豆カスなどの食べ物さえ満足には口にはいらず、天皇をはじめ軍上層部と財閥等は結託して、国民の飢えと生活必需品の欠乏、天上知らずのインフレーションに苦しんでいるのをよそに、贅沢三昧をして、国民は多少の米等を手にいれるために「買い出し」に出かけ、なけなしの着物等と交換してやっとの思いで手にいれた米を、帰途、駅などで警官に「ヤミ米取り締まり」と称して、取りあげられる等々の国民不在の行政と、迫り来る「本土決戦」で「女・子供をどうするか」等々の心配をしていた国民が、「天皇のために総決起する」などは、お伽話の世界のことであろうと思うからです。

ボナー・フェラーズ准将の「天皇論」は、浮世離れしたお話同然に思えます。しかし、こうした「知日派」の言動が戦後の天皇制を決定づけたのです。とはいえこの米軍の天皇観を形成した根源に「万世一系の天皇制は日本民族の固有の歴史と伝統」なる、「日本史観」があるのも決定的に重要な事実です。こうして戦後の天皇制論・日本史論には、アメリカ帝国主義の日本支配という、あらたな「支配層とその公的機関」がそのもとで戦後の憲法の第一条の天皇制条項を決め、その「公的機関」はその後、「安保条約」という形で存在し今日も君臨しています。

同時に、このアメリカの「天皇制存続策」は、わが国の「支配層とその公の機関」等に感涙を流さしめ、その結果、わが国の支配層に「安保条約」に、真心をもって対する心情を育てる結果となった思います。それが先の井上氏の「多くの自由主義者の声にこたえてものであり、同時にまた、日本の古代の天皇の伝統を発展的にうけついだもの」という意味と思います。

こうしてここに戦後の日本古代史論の基本的性格が、みごとに示されているわけです。それはアメリカの対日政策の基本的「日本論」にこたえ、同時にわが国の戦前からの支配層の天皇制論、すなわち「古来の天皇の伝統を……うけついだ……」、戦後の「二つの支配層の公の機関がまとめた日本史論」が、戦後の日本史、とくにその日本古代史の姿となった、ということです。

したがってこの象徴天皇制論に、アメリカ人自身によって落ちがつけられていても、いささかも不思議はない性格のものなのです。それはアメリカの国内外の「天皇制廃止論」に対して、「天皇制の利用価値」を重視したグルーの「天皇制論」です。

「日本人は建国の当初から統制生活には馴らされている。日本にはいまだ封建時代に生れたもので生き残っているものがある。当時の封建諸侯（大名）は庶民に対して殺生与奪の絶対権を握っていた。西洋諸国は封建制度を数世紀前に脱したが、日本ではごく最近まで封建制が残存していたので、いまだ地位名門に平身低頭し、絶対服従する遺風が広く残っている。日本の支配層は、この日本人の柔順な服従性を利用してあの恐るべき軍事経済機構を創りあげたのだ。」（『象徴天皇制への道』、一七頁）とその「資産価値」を指摘し、さらには「日本の労働者は、低賃金と警察の弾圧によって抑えこまれ、一生涯自分の言いたい事を言う自由など持っていない。」（同頁）とも指摘しています。

これらの部分は、わが国の自由民権運動以降の日本共産党などの、『天皇制打倒』をかかげた民主主義論の理念・理論と、極めて近似した見方が部分的には展開されていると思います。さらにその「資産価値」の実態を示して、「日本の教育精神は、すべて軍人の命令に対する絶対的服従を基礎としている。……中略……日本の国民が挙国一致で国軍を支持し、この戦争に参加しているのは、それが天皇の意思であると宣言されているからにほかならない。日本では天皇の意に背くなどということは想像だにできない。天皇に不忠とは、とりもなおさず自分の祖先を恥ずかしめることで、神道と呼ばれる愛国的信仰が全国民の根本的信仰となっている。」（同書、一九頁。傍線は引用者）として、近世日本の『古事記』『日本書紀』の絶対化にたつ、水戸史学や国学等の近代尊皇思想とその日本史論を、「神道と呼ばれる愛国的信仰」と呼んでいます。

グルーの神道論に関して、中村氏は、「……とくに幕末の国際的対抗関係（幕府の対外政策とそれをめぐる倒幕派の動向、引用者）のなかで、神道の後者の側面（神道には民族的自然宗教としての神道と、古事記・日本書紀への日本中世以降の没落平安貴族等の信仰があるが、ここでは後者をいう）は国学や水戸史学によって、排外主義的ナショナリズムの思想へと改変され……そうして神道が明治国家によって国家公認の宗教、つまりは国家神道として位置づけられていったとき、それは容易に大和民族の優越性を鼓吹するイデオロギーへと転化した。」（五三頁）もの、と述べておられます。

私には、グルーの国家神道論理解に関するこの中村氏の指摘の方に　通説的日本古代史学とその尊皇論や、「自由民権運動」以来の「天皇制批判」論の問題点が、正確に浮き彫りにされていると思えます。つまりは近代天皇制礼賛論の形成過程への、日本史論からの批判の目という問題です。

〝日本古代史は偽造〟――グルー等の本音

同時にきわめて重要な点は、「神道の資産」論をかかげるグルー等は、しかしその陰で、「軍国主義がひとたび放逐されてしまえば、国家神道の害悪は大部分、消え失せるであろう。君もよく知っているように、それはすべて純粋に人工的に作りだされたものなのだ」（前掲書、一五七頁）と、当時、政治顧問として東京にいたマックス・ビショップへの私信で述べているところです。

すなわち「国家神道」、つまり『古事記』『日本書紀』絶対主義の水戸史学・国学を土台とした〝日本史〟、なかでも日本古代史に関して、「君もよく知っているように、それはすべて純粋に人工的に作りだされたもの……」と述べているのです。

したがってわが国の明治以来の「天皇制批判論」に、「万世一系の天皇制批判」があれば、戦後、アメリカ国民を含む国際的な「天皇制廃止」の声が高まった時に、アメリカ政府の「神道・資産論」を、打破しえた可能性があったとおもわれます。日本史とくに日本古代史論とは、こうした性格のものですから、その真偽という問題は日本国民にとって、きわめて重要な意義のある分野であり、また問題と思います。

グルーが日本人と日本文化に関して次のように述べているのも、ある意味では当然とおもいます。「日本に民主主義を接ぎ木しようとしても、混乱に終わるだけでしょう。」（前掲書、四六頁）。同様のことを「西洋的思考の尺度で、日本人の心理や性格をはかってはならない。」とも述べています。この言葉は、「万世一系の天皇制は日本民族の伝統」という考え方は、民主主義とその思想とはともに相容れない、と考えるアメリカ人の常識に挑戦する時に用いられております。『既成の欧米的改革を日本におしつけるのではなく、日本の伝統に即した発展と変革を助長する……』」（同書三五頁）とも述べて、日本の「入欧脱亜的文明開化論」絶賛者に平手打ちをくわえています

すなわち日本の民主化には天皇制の克服が前提となりますが、それを達成するためにも「ただ欧米民主主義礼賛論」では駄目であって、尊皇日本史論の克服という一つの軸足を東アジア文明においた、その意味では欧米文化万歳論ではなく、自分の頭でものを考えるという、アジア人としての真の「自主独立心」が求められると思います。このことは欧米の民主主義思想や文化から離れることではなく、民主主義思想の普遍性はアジアにも独自に、古代以来あるという問題でもあるわけです。

さて、戦後の日本古代史学は、井上氏が指摘された「国家等の支配層にぞくする公の機関がまとめた歴史」という性格、すなわち戦後の日本国憲法第一条の規定に即したもので、断じて〝事実以外のいかなる権威も認めない〟という、真に学問的な性格をもたないという点に関して、松本清張氏の、学者は真理を探究すべきであるという指摘を、ここに述べておきたいとおもいます。

「今はそんなことはないと思いますが、一時は邪馬台国について、京都の古代史の研究方向が畿内説、東京の方が九州説というふうに、色分けがあったとされております。それはつまり偉い先生が、いうなれば大学のすぐれた指導者が言われたら、後の門下生の先生も何となくそれに従わなければならないという風潮があったからだと思います。やはり学界の、あるいは自分の身の将来がかかっておりますから、非難（批判の意、引用者）することができない。学界というところは、やはりそういう弱い、真理ばかり追究できない点がございます。

しかし、学問というものは、やはり真理を追究しなければならないわけで、（偉い、引用者）先生

がどういわれようと学問は真理を第一にしなければならないと思います。」という、松本清張氏の、偉い先生方を目の前にした「特別講演・日本古代国家の謎」（『吉野ヶ里遺蹟と古代国家』、八頁、佐賀県教育委員会編、吉川弘文館、一九九五年、第一刷。傍線は引用者）にもその指摘が見られます。ここでの「偉い先生」とは、文部科学省等から高い評価をされている方といえるからです。

日本国憲法と日本古代史学――「学問の自由の禁止」条項

〝馬鹿々々しい。学者が国民に秘密などあるわけがない〟という人もおられるかもしれません。しかし、「神武紀元が歴史家の問題で、国民の問題にすべきではないという那珂（通世）の考えと同じような考えが、研究の不毛に影響しているにちがいない。」（藤間生大氏著、『倭の五王』、一三頁、岩波新書、一九八三年、第一五刷。傍線と括弧内は引用者）という指摘があります。「国民の問題にすべきではない」という意味は、国民に歴史の真実を語る必要はない、という意味です。ここに戦前・戦後の通説・日本古代史学の姿があるのです。

別の例では、「一九三三年度、東京帝国大学文学部国史学科新入生歓迎会において、名誉教授の三上参次がのべたという。『諸君は大学を出て、教師になったとき、大学でまなんだことをそのまま生徒に教えてはいけない。学問としての歴史学と教育としての歴史とはちがうのである。たとえば皇紀が六百年ばかりのびているということは、学問上は定説である。しかし、いままで二六〇〇年とおしえているから、それをいま、そうでないなどといってはならぬ。』」（長谷川亮一氏著、『「皇国史観」という問題』、六四頁、白澤社、二〇〇八年、傍線は引用者）という、おそるべき姿が指摘されています。

つまり戦前の「日本古代史」は、当時の学者が自分達の内部で知っていたことでも、国民には語らないものである、ということが堂々と示されているのです。こうなる理由が、「(一九〇一年)……以降、歴史研究においては、天皇や『国体』の起源について論じることは公然のタブーと化した。」(同書、六四頁。傍線は引用者)とあります。つまり政府には責任を負うが、国民には責任を負わないというわけです。これは事実にたって真実を探究するという真の学問・日本古代史の終焉です。

〝それは戦前のことだ〟と、はたしてすますことができるか、といえば、『魏志』倭人伝の「倭国」の首都の方角記載をいっせいに無視し、国家と都城・首都問題に耳目をふさぎ、日本本土の二国併記や七世紀後半の王朝交代という、日本史の大問題を記す『旧唐書』をいっせいに無視するなど、そこに否定しようもなくそれは露呈しています。

この根底に憲法第一条の「象徴天皇制」の規定があるのであって、戦前の文部省の『国体の本義』は、もう過去のことだなどというのは戦後日本の政治体制、つまり「歴史をまとめる支配層に属する公の機関」など眼中にない人々です。憲法による学問へのしばり、この問題を無視して自由や民主主義を叫んでも、それは戦後の憲法の恒久的平和主義、人権と民主主義の条項を真に生かしえない道に通じるのではないか、と思います。

●著者紹介
草野善彦（くさの・よしひこ）
1933年12月16日、神戸に生まれる。
1957年　武蔵野美術学校（大学）西洋画科卒

著書
『天皇制国家唯一史観を疑う』（光陽出版社）
『天皇制批判と日本古代・中世史』（本の泉社）
『放射性炭素年代測定と日本古代史学のコペルニクス的転回』（本の泉社）
『放射性炭素14C測定と日本古代史』
（国際教育研究第24号収録、東京学芸大国際教育センター）
『二世紀の卑弥呼「前方後円墳」真の構築者
——「日の丸」「君が代」と日本古代史学』（本の泉社）
『天皇制は日本の伝統ではない　——墓より都　君が代——』（本の泉社）
『消された日本古代史を復原する　——マルクス主義の古代国家形成論にたって——』
（本の泉社）
『「邪馬台国論」の新視点およびマルクス主義と儒教』（本の泉社）
『墓より都——日本古代史学の深層と「日の丸、君が代」の真実』（本の泉社）

「邪馬台国《やまたいこく》」は北九州《きたきゅうしゅう》と『日本書紀《にほんしょき》』に

――なのに、なぜ論争《ろんそう》なのか――

2013年 10月25日　第一版第1刷発行

著　者　草野《くさの》　善彦《よしひこ》

発行者　比留川　洋

発行所　株式会社　本の泉社

〒113-0033　東京都文京区本郷 2-25-6

TEL.03-5800-8494　FAX.03-5800-5353

http://www.honnoizumi.co.jp

印　刷　音羽印刷株式会社

ISBN 978-4-7807-0972-8 C0021

Printed in Japan